Nein sagen - Aber richtig

Für Anfänger

Ratgeber

von

Jörg Piesker

Zweite Auflage im Dezember 2019
als Orange Cursor-Taschenbuch

www.joerg-piesker.de
c/o Papyrus Autoren-Club
Pettenkoferstraße 16 - 18, 10247 Berlin
Cover: Jörg Piesker - Studio Barcelona /Adobe Stock

Lektorat: Michael Lohmann

Korrektorat: www.worttaten.de

Wenn du Ja sagst,
dann sei dir sicher,
dass du nicht Nein zu dir selbst sagst.
Paulo Coelho, brasilianischer Schriftsteller

Ich sage einfach zu oft Ja

Ich sage zu oft Ja, obwohl ich Nein sagen möchte.«

Ihre Freundin schaut Sie ungläubig an. »Ja, dann lass es doch einfach. Ich verstehe dich nicht, du bist doch sonst kein Dummerchen. Du musst doch irgendwann einmal lernen, dass du immer wieder ausgenutzt wirst.«

Ein gut gemeinter Rat, der schnell erteilt, aber nur schwer umsetzbar ist. Es gibt eben unterschiedlich veranlagte Menschen. Der eine möchte immer hilfsbereit und nett sein, der andere blüht in seinem Selbstbewusstsein auf: »Gut, dass du mal auf deine Figur achtest.« Bevor Sie antworten können, schnappt er sich die Dekopraline von Ihrem Teller, die Sie sich eigentlich zum leckeren Abschluss des Essens aufgehoben hatten.

Wenn Sie zu jenen netten Menschen gehören, die »... das schnell noch erledigen ...«, während alle anderen sich schon amüsieren oder die auf ihren langersehnten Friseurbesuch verzichten, weil spontan die Tochter der besten Freundin gehütet werden muss, werden Sie in diesem Ratgeber Wege heraus aus dieser Falle finden. Wir werden untersuchen, was die Ursachen sind, werden uns Fallbeispiele ansehen und schließlich Handlungsempfehlungen erhalten.

Sie werden sich ändern. Sie werden Ihr Leben verändern und Sie werden Ihr Umfeld ändern. ABER: Ändern Sie keinesfalls ärztliche und / oder therapeutische Verordnungen ohne Rücksprache mit Ihrem Arzt oder Therapeuten! Ein Ratgeber ist ein Werkzeug, das Ihnen Hilfe zur Selbsthilfe bietet. Eine ärztliche oder therapeutische Verordnung ersetzt er nicht.

Über dieses Buch

Viele Menschen bemerken es nie und leben damit. Ein unglückliches Gefühl zerrt jahrelang an ihnen, ohne dass es konkret und greifbar wäre. Diese Menschen achten sehr auf sich, auf ihre Tugenden, sind pflichtbewusst und zuverlässig. Dennoch sind es meist andere, die Belohnungen genießen, während die Tugendhaften noch immer etwas zum Erledigen finden. Doch irgendwann wird jeder dieser hilfsbereiten Menschen gewahr, dass sein Leben im Laufe der Jahre einsamer geworden ist. Obwohl er doch alles dafür getan hat zu gefallen – es anderen recht zu machen.

Wenn sich Mitmenschen zu ihnen gesellen, geschieht das häufig nur noch aus einem einzigen Grund: Hilfe in der Not wird benötigt, Hilfe in unbequemen Situationen, gesucht wird: ein Helfer, der als Lückenbüßer zuverlässig herhält. Benötigen Sie selbst einmal Hilfe, erhalten Sie erklärende Ausreden und stehen allein da.

Was für eine schreckliche Erkenntnis! Kein Wunder, dass sie so lange im Verborgenen verblieben war. Diese Wahrheit durfte einfach nicht existieren.

Doch so erleuchtend der Augenblick der Erkenntnis auch ist, so rätselhaft ist die Frage, wie das geändert werden kann. Welcher Weg führt aus dieser Misere? Viele Menschen sind nun einmal nicht so veranlagt, dass sie sich brachial zur Wehr setzen können. Deshalb befinden sie sich schließlich in ebendieser Situation. Wie also kann man seinen Willen durchsetzen, ohne andere vor den Kopf zu stoßen? Ist eine Absage denn nicht automatisch eine Kränkung? Welche Konsequenzen wird das haben, wenn andere von uns enttäuscht sind – der Chef, gute Freunde? Zumal die Ausnutzer auf der anderen Seite geübt darin sind, ihre Opfer unter Druck zu setzen, um ihren Willen zu kommen. Abneigung, zum Beispiel, ist eine Sache, vor der sich die meisten Ja-Sager fürchten.

Das Repertoire der Ausnutzer ist enorm und scheinbar unvermeidbar. Aber damit ist nun Schluss. Mit diesem Ratgeber erlernen Sie Techniken, Ihre Zeitdiebe zu erkennen und sich wirksam zur Wehr zu setzen.

Wie gehen wir vor und was erwartet uns?

Wir lesen hier und da mit Genugtuung Ratschläge, dass uns andere ›am Arsch lecken‹ sollen oder wir ›Stärke zeigen‹ sollen. Schön, stellen wir fest, das kann ich aber so nicht und will ich so auch nicht.

Wenn das so einfach wäre, hätten nicht so viele Menschen das gleiche Problem: Wir möchten niemanden verletzten, wir haben eben nicht die Stärke, wir sind ganz einfach leicht überrumpelt oder es ist schlichtweg nicht unser Stil. Unser schlechtes Gewissen erlaubt uns zu oft nicht, unsere eigenen Bedürfnisse in den Vordergrund zu stellen. Dabei sei es dahingestellt, ob die Ursachen in unserer Kindheit liegen – wahrscheinlich erfahrener Liebesentzug auf die eine oder andere Weise. Hier werden wir uns nach vorn gerichtet darum kümmern, dass wir in Zukunft nicht mehr so oft ›den Kürzeren ziehen‹.

Andere Menschen, die solche Skrupel nicht kennen, schnappen uns die Vorteile vor der Nase weg und ehe wir Piep sagen können, stehen wir wieder dumm da. Wir gehören vielleicht zu den Menschen, die früh gelernt haben, dass ein Verstoß gegen ein Nein spürbare Konsequenzen nach sich zieht. Ein Nein hat in unseren Erfahrungen Strafen, Meidungen, Streit für uns bedeutet – kurzum: viele Nachteile. Wir haben frühzeitig gelernt, dass es einfacher ist, Ja zu sagen. Das hat lange Zeit Vorteile für uns bedeutet: Wir haben ersehnte Zuneigung bekommen, wurden gelobt (wahrscheinlich viel zu selten), mussten uns nicht auseinandersetzen (was uns noch heute nicht liegt). Bis jetzt wurden damit verbundene Nachteile von uns nicht als Nachteile wahrgenommen. Es war eben so, es musste so sein und es wurde nicht infrage gestellt. Vielleicht haben wir aber auch einfach nur schon immer gern geholfen. Doch im Laufe der Jahre hat das Gefühl zugenommen, dass etwas falsch ist. Spät, aber nicht zu spät, haben wir realisiert, dass wir tief in unserem Inneren nicht zufrieden sind. Wir haben realisiert, dass wir zu oft tun, was andere von uns erwarten und uns ist bewusst geworden, dass unsere eigenen Bedürfnisse viel zu kurz gekommen sind.

Die Zeitdiebe um uns herum wurden immer mehr, wir sind zu willigen Opfern geworden. Unsere eigenen Wünsche und Erwartungen traten immer mehr in den Hintergrund, bis wir schließlich unser Leben zu einem belastenden Anteil für andere lebten. Vielleicht so wie in der folgenden Szene …

»Mensch, Tinchen, wenn ich dich nicht hätte. Du bist wirklich eine echte Freundin.« Während Laura ihrer Freundin Tinchen ihre dreijährige Tochter an die Hand gibt, dreht sie sich auch schon wieder um. »Ich habe dir doch von Mark erzählt, diesem Typen …« Laura winkt beiläufig ab. »Ach was, ich erzähle dir morgen mehr davon.« Sie beugt sich vor, flüstert geheimnistuerisch, »ich werde dir jedes Detail berichten.« Ein weißer Sportwagen fährt vor, bremst scharf. Ohne noch einen Blick zurückzuwerfen, steigt Laura ein, wirft sich dem hübschen Fahrer an den Hals, wild küssend. Der Sportwagen braust davon.

»Ich muss Pipi.« Hätte die kleine Lisa sich nicht bemerkbar gemacht und an ihrer Hand gezerrt, hätte Tinchen wahrscheinlich noch lange dagestanden und ihrer Freundin nachgeschaut. Sprachlos. Überrumpelt.

Sie haben diesen Ratgeber gekauft. Damit ist ein erster Schritt getan, heraus aus der Falle der Wehrlosigkeit, der Selbstaufgabe und des Ausgenutztwerdens. Sie möchten etwas ändern, haben die Initiative dazu ergriffen. Dazu gratuliere ich Ihnen, denn das ist ein wichtiger Schritt: Der erste Schritt, auf diesem Weg beginnt nun.

Die szenisch dargestellten Ratschläge sind in Phasen unterteilt. Phase 1 ist am schnellsten umzusetzen, die letzte Phase am schwierigsten. Diese Reihenfolge ist jedoch keine zwingende Vorgabe, wenn Sie feststellen, dass es Ihnen leichter fällt, zum Beispiel mit Phase 3 anzufangen, tun Sie das! Nehmen Sie sich so oft wie möglich Zeit für sich. Lesen Sie, verinnerlichen Sie, wägen Sie ab und handeln schließlich überlegt. Erwarten Sie nicht zu viel von sich, gönnen Sie sich auch Missgeschicke. Entscheidend ist: Bleiben Sie dabei.

Wer ist Ihr Zeitdieb und was wollen Sie?

Lassen Sie uns nun genauer betrachten, wie wir in unterschiedlichen Situationen künftig passender reagieren können, wie wir angemessen und wirksam Nein sagen können. Das Ziel dabei ist, mit Anstand und Respekt zu unserem Recht zu kommen, möglichst ohne neue Probleme zu erzeugen. Doch auch der Weg über uns selbst funktioniert nicht ohne Konfrontationen. Spätestens, wenn Sie das erste Mal Nein sagen, wird sich Ihr Umfeld sehr wundern oder gar aggressiv werden. Wenn Sie nicht mehr, wie gewohnt, der Mülleimer aller sind, das zuverlässige, gute Dummchen, werden Sie Ihr Umfeld verunsichern. Sehr wahrscheinlich haben Sie bis heute bereits eine beachtliche Anzahl an Menschen um sich versammelt, die immer auf Sie zählen können, denen Sie in der Not schnell helfen, für die Sie zu einer absolut zuverlässigen Instanz geworden sind. Das hat Ihnen ersehntes Lob eingebracht. Sie hatten immer Angst, egoistisch zu wirken, wenn Sie ablehnen, Sie wollten nicht in Ungnade fallen oder Streit provozieren. Sie haben befürchtet, dass Ihre Freundin Nein sagt, wenn Sie sie einmal brauchen. Schuldgefühle plagen Sie, wenn Sie ablehnen. Sie haben Angst, Ihren Job zu verlieren oder aus der Beförderungsspirale rauszufliegen, wenn Sie nicht alles machen, was man von Ihnen fordert.

Dieses Verhalten haben Sie über lange Zeit erlernt oder es wurde Ihnen beigebracht. Gleichwohl ärgert es Sie jedes Mal. Sie machen sich Vorwürfe, mutlos zu sein. Ihr

Selbstbild schrumpft weiter. Und Sie ärgern sich immer wieder über die Rücksichtslosigkeit der anderen. Aber warum haben Sie Ja gesagt? Hatte das wirklich Vorteile? Durchaus, denn sonst hätten Sie es ja nicht getan: Sie waren hilfsbereit, sind einen Kampf aus dem Weg gegangen und erhielten dafür Lob, Zuneigung und Bestätigung (wenn auch nur oberflächlich oder vorgetäuscht). Sie werden geschätzt und gemocht, Ihr Harmoniebedürfnis ist befriedigt. Sie vermeiden Selbstvorwürfe und Schuldgefühle und enttäuschte Gesichter.

Machen Sie sich dies bewusst und überprüfen Sie, wie wichtig Ihnen die jeweiligen Vor- oder Nachteile in gegenseitiger Abwägung sind. Denn Nein zu sagen hat neben den Vorteilen auch Nachteile für Sie. Üben Sie dieses Abwägen, damit Sie Sicherheit gewinnen, wann ein Nein tatsächlich erforderlich ist. Gerade am Anfang Ihrer Veränderung wird sich Ihr Umfeld wundern, Diskussionen werden geführt werden. Nehmen Sie das als erstes positives Ergebnis: Man hat registriert, dass Sie eigene Wünsche haben, und dass Sie die auch ins Feld führen. Indem Sie sich auf diese Weise vorbereiten, wird die Zahl der Überrumpelungsversuche abnehmen. 1)

1) Wer sich erhebt, wenn der Gegner schläft, steht, wenn der Gegner sich erhebt.

Orientalisches Sprichwort.

Damit beginnen wir, innerlich aus der passiven Rolle in die aktive zu wechseln. Es wird interessant sein, die Reaktionen zu beobachten. Schon in dieser Phase können Sie erste Sortierungen vornehmen. Wer es gut mit Ihnen meint, wird

Sie bestärken. Aber kündigen Sie nicht gleich allen Menschen die Freundschaft. Sortieren Sie gründlich, aber überlegt. Dann wird es Proteste geben, die Ihr Gewissen ansprechen sollen. Und schließlich wird man Sie damit konfrontieren, dass Sie sich verändert hätten, man Sie nicht mehr kenne, Sie herzlos oder egoistisch seien. Sie emotional unter Druck zu setzen, hat schließlich immer geklappt. Erst seit Sie diesen Ratgeber gelesen haben, sind Sie so eigenartig geworden.: -)

Keine Angst, wir werden lernen, mit all dem umzugehen. Wir wollen schließlich unsere wirklichen Freunde behalten.

Wir sehen uns im Folgenden Fälle aus dem Leben an, die so oder ähnlich passiert sind und immer wieder vorkommen werden. Das geschieht in Form von erzählten Geschichten, denn so haben wir Menschen die meiste Zeit unserer Existenz Wissen weitergegeben.[2)]

2) Wissenschaftler gehen davon aus, dass der Frühmensch vor rund 300.000 Jahren über ein gewisses Sprachvermögen verfügte. Er ergänzte seine Kommunikation mit Höhlenmalerei. Sprache ist also seit dieser Zeit das Mittel, Wissen weiterzugeben. Der Buchdruck von 1450 bildete die Grundlage für eine Wissenschaftsgesellschaft. Aber noch immer war Sprache die vornehmliche Weise, Erkenntnisse weiterzugeben. Mit der Kommerzialisierung des Internets 1989 stehen den Menschen beinahe unbegrenzt Informationen zur Verfügung. Seither hat die Notwendigkeit der Weitergabe über Sprache in wenigen Jahrzehnten an Bedeutung verloren. Gleichwohl

erreichen uns erzählte Geschichten und Bilder noch immer am intensivsten.

Und in dieser Form können wir nachweislich Informationen am besten verarbeiten. Der Oktopus macht das seit Tausenden von Jahren unverändert so, und er wird, wenn man Wissenschaftlern glauben darf, in ferner Zukunft den Menschen intellektuell überflügelt haben!

In westlichen Industriegesellschaften überschlagen sich die Entwicklungen. Alles muss effizienter werden, Erkenntnisse von früher werden oftmals als Bremse für Weiterentwicklungen gesehen. Schneller, mehr, billiger – da bleibt kaum noch Zeit, dass der einzelne Mensch sich auf sich selbst und seine Bedürfnisse besinnt. Wer nicht mitläuft, ist schnell raus.

Auf der Jagd nach Effizienz sind wir von immer mehr Zeitdieben umgeben und werden selbst auch unweigerlich zum Zeitdieb für andere. In immer kürzerer Zeit wird von jedem von uns immer mehr Ergebnis verlangt. Es ist kaum noch möglich, an Rücksicht zu denken und die Belange der anderen einzubeziehen.

Wir werden diesen Umstand genauso wenig ändern können wie den Lauf der Erde. Bleibt also die Frage, wie all das für uns als Individuen in diesem Kreislauf verbessert werden kann. Ist das überhaupt möglich? Oder müssen wir uns der allgemeinen Entwicklung fügen? Sind wir diesem schneller werdenden Karussell hilflos ausgeliefert? Ich sage nein. Es gibt Mittel und Wege, die persönlichen Umstände zu verbessern. Wir werden uns in diesem Ratgeber genau damit beschäftigen.

Bei allen guten Planungen und Vorhaben wird es dennoch passieren, dass Sie wieder den Kürzeren ziehen, dass Sie übervorteilt werden oder dass Sie Ja gesagt haben, wo eigentlich ein Nein hingehört hätte. Das ist zum Teil Kalkulation jener Mitmenschen, die es bestens beherrschen, Ihnen blitzschnell Unliebsames aufzuladen. Wahrscheinlich haben Sie schon unzählige Male versucht, es denen gleich zu tun. Oder zumindest in irgendeiner Weise vorbereitet zu sein.

Sie sind damit gescheitert? Trösten Sie sich, die Zeitdiebe sind viel geübter als Sie. Zeitdiebe haben jahrelange Erfahrungen darin, die Schwächen ihrer Mitmenschen zu erkennen und genau dort ihren Ballast abzuladen. Auch mit noch so viel Anstrengung werden Sie diese Fähigkeiten nicht erringen, sonst würden Sie längst darüber verfügen. Auch diese schlechten Eigenschaften der Zeitdiebe sind eine Art von Begabung. Wer diese Begabung in Anführungszeichen nicht hat, wird sie auch mit größter Übung nicht perfektionieren können. Oder anders ausgedrückt: Wenn Sie nicht als rücksichtsloser Egoist geboren worden sind, werden Sie das auch nicht antrainieren können. Ja, man kann sich im Laufe eines Lebens sehr wohl schlechte Eigenschaften annehmen. Aber die geborenen Egoisten werden die antrainierten Egoisten immer übertrumpfen. Kein Wunder also, dass viele Menschen immer mehr Leere spüren, Probleme haben und meistens gar nicht genau wissen, woher ihre Unzufriedenheit ursächlich kommt.

Dieser Ursache für viele unserer heutigen Sorgen, Probleme und vieler psychischer Erkrankungen habe ich je nach Thema meine Ratgeber entgegengesetzt.

Machen wir es also, wie der Oktopus: Betrachten wir unsere Umgebung. Analysieren wir andere, lernen aus deren Fehlern und Erkenntnissen und kommen so erstaunlich schnell und mit weniger Schmerzen, immer öfter an unser Ziel.

Springen Sie nicht immer gleich an.
Manches erledigt sich von selbst.

1. Phase. Das Verschiebe-Nein

Am einfachsten ist es, nichts zu sagen.

Wir wissen, dass wir zu schnell Ja sagen, wir wissen auch, dass es überhaupt nicht einfach ist, Nein zu sagen. Nun stellt sich die Frage, wie wir das lernen.

Wir fangen mit der einfachsten Form des Nein-Sagens an – nämlich der, nichts zu sagen. Anders ausgedrückt, wir üben zuerst, nicht zu schnell aufzuspringen, Ja zu sagen, helfen zu wollen.

Natürlich gibt es Situationen, in denen es durchaus angebracht und erforderlich ist, sofort zu helfen. Hier werden wir auch weiterhin Gutes tun.

Es geht im Folgenden um die Augenblicke, in denen wir wieder einmal übervorteilt werden sollen, in denen wir uns gern wehren möchten, aber nicht genau wissen, wie wir das anstellen.

In den Beispielen dieses ersten Kapitels lernen wir Möglichkeiten abzuwägen, indem wir uns zuerst einen Zeitgewinn verschaffen. Das schützt vor ungewollten Entscheidungen, bewahrt uns vor Nachteilen. Wir sehen, welche Vorteile es hat, Zeit vergehen zu lassen, ohne wie gewohnt Ja zu sagen. Eine stattliche Zahl sogenannter Probleme wird sich auf diese Art auch ohne unsere Unterstützung lösen. Für die verbleibenden Fälle werden wir über Techniken verfügen, damit in unserem Sinne umzugehen.

Du wohnst doch gleich um die Ecke,
Du musst mich abholen.

Kein Ja ist fast ein Nein.

Es war wieder einmal ein langer Tag. Klara schloss die Wohnungstür hinter sich, stellte die Einkaufstaschen auf den Boden und lehnte sich mit dem Rücken an die Wand. Sie griff nach dem Lichtschalter, ließ aber ihren Arm erschöpft wieder sinken. Noch immer sah sie das Gesicht der alten Dame vor sich. Das Letzte, was sie getan hatte, war Klara anzulächeln. Dann war sie gestorben.

»Du bist Mitte vierzig, aber du wirst dich wohl niemals an diese endgültigen Abschiede gewöhnen.« Sie hatte sich in dem hohen Spiegel an der Wand gegenüber angesehen, sprach mit sich selbst. Es war einer dieser Tage, an denen sie daran zweifelte, ob sie den richtigen Beruf gewählt hatte. Es gab diese schönen Momente, wenn die Alten sich freuten, wenn sie sich bedankten, wenn sie mit ihren ledernen Händchen dankbar nach ihr griffen. Aber dann waren eben auch diese Momente, die unvermeidbar früher oder später da waren.

Sie beugte sich zu ihren Taschen runter, packte sie und schlurfte in die Küche. Es musste weitergehen. Sie schnippte mit den Fingern. »Ich werden mir ein heißes Bad einlassen, Kerzen an den Wannenrand stellen und werde so lange in der Wanne bleiben, bis meine Haut schrumpelig geworden ist. Dann werde ich mir Spaghetti mit

Tomatensoße kochen und danach eingekuschelt ein gutes Buch lesen. Das hat mich immer auf bessere Gedanken gebracht.«

Klaras Plan stand fest und schon fühlte sie wieder neuen Lebensmut in sich aufsteigen. Sie stellte Musik an. ›Lemon Tree‹, sie strahlte, sang mit *I wonder how, I wonder why* … während das Wasser in die Wanne lief, stellte sie einen Topf mit Wasser für die Nudeln auf den Herd, die Pfanne für die Tomatensoße daneben, Speck, Lauchzwiebeln, die Tomaten. Nach dem Bad würde sie den Hunger noch deutlicher spüren und so würde sie gleich mit dem Kochen beginnen können. Ihre Gedanken waren wieder auf einem helleren Weg. Sie holte sich frische Schlafkleidung aus dem Schrank, ging damit ins Badezimmer. Sie zog sich aus, legte die getragene Kleidung in den Wäschekorb und stellte den Wasserhahn an. Sie hielt ihre Hand in das Wasser. Perfekt. Sie hob ihr linkes Bein, stellte den Fuß in die Wanne – doch etwas zu heiß, aber das wird sich geben.

Das Telefon! Sie blieb mit einem Bein in der Wanne und dem anderen außerhalb stehen. Wieder klingelte es. Vielleicht ist es ja das Pflegeheim, ein Notfall. Sie überlegte, zum Telefon zu eilen. Nein, ich habe neuneinhalb Stunden Schichtdienst hinter mir. Es klingelte wieder. Es war eine verdammt harte Schicht. Wenn es nicht eine dringende Sache wäre, hätte der Anrufer doch schon wieder aufgelegt. Es klingelte abermals. Vielleicht ist es ja Cora. Die ist doch andauernd in irgendeinem Dilemma. Klara konnte nicht anders, als aus der Wanne zu steigen und zum Telefon zu gehen. Sie ärgerte sich, dass sie es nicht gleich mit ins Badezimmer genommen hatte. Es klingelte immer noch, als sie davor stand. Tatsächlich war Cora die Anruferin. Als sie abheben wollte, sah sie wieder die sterbende Omi vor sich und ihr Arm sank schlaff herunter. Die positive Energie, die sie eben noch verspürt hatte, war in der Sekunde verpufft. Der Anrufbeantworter sprang an. Sie wartete, lauschte: »Hallo, Klara, ich bin es, Cora.« Sie klang gehetzt, wie immer. Straßengeräusche waren im Hintergrund zu hören, Stimmen vorbeigehender Menschen, das laute Brummen eines Motorrades, ein Hupen. »Ich war doch heute mit den Mädels unterwegs, jetzt bin ich hier an der Bushaltestelle Heerstraße, und du glaubst es nicht, in welchen Zeitabständen die Busse hier fahren.« Sie ließ keine Sekunde Zeit vergehen, bis sie lang gezogen und mit empörtem Unterton die Antwort selbst gab: »Alle zwanzig Minuten. Hakt es bei denen? Klara, du wohnst doch gleich um die Ecke, mach dich auf den Weg und hol mich hier ab.« Cora zögerte einen Augenblick am anderen Ende, Klara konnte Coras Atmen hören, dann sprach sie monoton weiter. »Wir können ja dann bei mir noch einen Wein trinken. Bis gleich, Klara.« Es klickte.

Klara hielt das Badehandtuch um sich gewickelt, mit der anderen Hand langte sie nach dem Telefon – dann zog sie ihre Hand wieder zurück.

In einem Reflex der Gewohnheit hatte sie sofort antworten und aufbrechen wollen, wie Cora es von ihr gefordert hatte. Doch an diesem Tag war etwas anders. Wieder sah sie das lächelnde Gesicht der sterbenden Frau vor sich und wurde innerlich ruhiger. Als hätte etwas sie wachgerüttelt, wurde sie gewahr, dass Cora sie während des Anrufes nicht gebeten hatte, ihr zu helfen. Nein, Cora hatte gefordert, dass Klara sofort für sie da zu sein hat. Es war für sie ebenso selbstverständlich, dass Klara sich zu Hause aufhielt, wie es logisch war, dass sie zu Hilfe eilen würde. Über Jahre hinweg hatte sie sich zu einer selbstverständlichen Institution für ihre Freundin entwickelt. Zu einer Dienstleisterin, die jederzeit verfügbar zu sein hatte. Cora musste ihren Dienstplan doch allmählich kennen und wissen, dass sie gerade Feierabend hatte! Oft genug hatten sie darüber geredet, hatte Cora überhaupt jemals zugehört?

›Sie müssen mehr auf sich achten, Kindchen.‹ In diesem Augenblick ergab der Satz einen Sinn. Es war keineswegs das abwesende Gerede einer verwirrten Frau gewesen. Dieser Satz, den die liebe Omi ihr so oft gesagt hatte, gewann in diesem Moment eine Logik, eine Bedeutung. Sie hätte nicht konkret sagen können warum, doch Klara forderte von sich selbst einen Augenblick Bedenkzeit. Sie würde nicht sofort zurückrufen, nicht losrennen, beschloss sie. Sie würde jetzt in die Wanne steigen, das Entspannungsbad nehmen und den Tag so ausklingen lassen, wie sie es sich vorhin noch vorgenommen hatte. Wenn Cora die wenigen Minuten Wartezeit auf den Bus zu lang waren, würde sie sich ein Taxi rufen können. Ihr war inzwischen kalt geworden. Sie ging zurück in das Badezimmer, stellte das Telefon auf den Wannenrand, ließ sich langsam in das Wasser gleiten. Mit geschlossenen Augen ließ sie sich von der weichen Wärme des Wassers umhüllen. Wie oft schon hatte Cora sie zu unmöglichen Zeiten angerufen. Und immer waren es solch plumpe Anlässe wie der heutige, zu denen sie stets aufgebrochen war und ihrer besten Freundin wieder einmal aus der Patsche half.

Ihr Körper war in dem behaglichen Wasser wohlig durchwärmt und ihr Atem war ruhiger geworden. Was für ein Tag!

Ein Tag, der am Ende Klaras Leben eine entscheidende Wendung gab.

Konsequenz:

Für Freunde da zu sein ist wichtig und gehört zu einem guten Miteinander dazu. Es ist ebenso gut und wichtig, in Freundschaft und Liebe zu investieren, zu *geben*. Die Waage zwischen Cora und Klara hat sich allerdings seit einiger Zeit sehr einseitig geneigt. Gute Freundschaft oder gar Liebe ist aber keine Einbahnstraße. Cora war in der Pflicht, sich auch für Klara zu interessieren und sie nicht nur zu benutzen. Es ist immer riskant, Nein zu sagen, es ist aber keinesfalls besser, die Rolle des Notnagels zu übernehmen. Weder Freundschaft noch Liebe kann Klara damit erringen. Es wäre deshalb nicht besser gewesen, wenn Klara sich angezogen und zu Cora gefahren wäre. Sie hätte ihre überdrehte Freundin nach Hause kutschiert, hätte sich dann noch langweilige oder ärgerliche Geschichten anhören können. Wenn sie schließlich wieder heimgekehrt wäre, hätte sie noch übermüdeter das kalte Wasser aus der Wanne lassen können, Speck und Zwiebeln zurück in den Kühlschrank gestellt und wäre total erschöpft, hungrig und verärgert ins Bett gefallen. Sich über sich selbst ärgernd wäre sie nicht in den Schlaf gekommen.

Lösung:

Intuitiv oder aus Erschöpfung hat Klara dieses Mal richtig reagiert. Eine wichtige Erfahrung für sie. Die einfachste Form des Nein-Sagens ist, nicht gleich Ja zu sagen. In diesem Fall ist Klara einfach nicht ans Telefon gegangen. Das mag nicht sehr heldinnenhaft gewesen sein. Aber wirksam. Und als erster Schritt hat es zu einem Erfolg geführt. Klara kann nun spüren, wie es sich anfühlt, einmal gut zu sich selbst zu sein.

Tipp 1: Vielleicht kommt dieser Abend noch einmal zum Gespräch. So oder so sollte Klara ihren Dienstplan bereithalten und Cora zeigen. »Das war ein furchtbarer Tag, Cora. Eine liebe Patientin ist in meinen Armen gestorben. Ich habe mich furchtbar gefühlt.« Vielleicht braucht Cora anschauliche Anstöße, um Klaras Bedürfnisse wahrzunehmen.

Tipp 2: Grundsätzlich ist es ein guter Anfang, aus einer Forderungssituation zu flüchten. In anderen Situationen sollten Sie sich konkret Bedenkzeit verschaffen: »Ich gebe dir Bescheid.« Oder »Ich denke darüber nach.« Wägen Sie ab, was die Person schon von Ihnen gefordert hat. Was haben Sie dafür aufgegeben? Kam diese Freundschaft / Liebe zurück? Wie haben Sie sich anschließend gefühlt? Wenn Sie zu dem Entschluss kommen, dass es negativ war für Sie, sagen Sie einfach nicht sofort Ja

»Zahlen Sie bar oder mit Karte?«

Ich muss noch einmal darüber schlafen

Jana und Kevin sind die wahrscheinlich liebenswertesten Menschen der Welt. Beide haben sich gesucht und gefunden. Sie gehen fleißig arbeiten, zahlen immer alles pünktlich, und sind für andere da. Sie freuen sich über Lob, wenn sie wieder ausgeholfen haben, und sind wieder ratlos, wenn sie selbst einmal Hilfe brauchen und sich niemand bei ihnen meldet. Antworten wie »Ach, du weißt doch, das mit der Gartenarbeit ist nicht so meine Sache.« Oder »Heute ist das ganz schlecht. Wenn ich nur im Lotto gewinnen würde, Süße, dann würde ich dir eine Weltreise spendieren …« (danke, aber du solltest mir nur eben die Spitzen schneiden), stehen sie sprachlos gegenüber. Überhaupt ist es so, dass sie schwerlich Nein sagen können, selbst wenn es sich dabei um fremde Menschen handelt. Obwohl sie nicht direkt darunter leiden, hat sich bei beiden im Laufe der Zeit das Gefühl entfaltet, dass etwas nicht richtig ist. Sie haben sich schon oft darüber unterhalten, haben sich vorgenommen, etwas zu ändern.

An einem solchen Samstag sitzen sich Jana und Kevin gegenüber, frühstücken und grübeln jeder für sich, was sie an diesem Tag unternehmen könnten. »Wie wäre es, wenn wir mal wieder ins Einkaufszentrum gehen würden?«

»Gute Idee.« Kevin ist sofort begeistert, denn seine Computermaus ist nicht mehr die zuverlässigste, und er hat schon seit einiger Zeit vor, sich nach einer neuen umzusehen. Im Internet hat er lange schon recherchiert und ein bestimmtes Modell im Blick.

»Ich könnte ein paar neue Leggins gebrauchen, magst du dich derweil in dem Computershop umsehen?« Jana wusste ebenso, was Kevin mag, wie er wusste, was Jana langweilt. Harmonisch räumten sie die Küche auf, fuhren zu dem Einkaufszentrum und gingen wie verabredet jeder in ein anderes Geschäft.

Mit roten Wangen kam die junge Verkäuferin zurück, Jana hatte geduldig gewartet. »Ich habe das ganze Lager abgesucht. Aber die Leggins sind nicht aufzufinden. Ich verstehe das nicht, ich habe doch gestern noch das Paket gesehen.« Jana sah auf das Namensschild der Verkäuferin. *Sarah Weber – Auszubildende.* »Sind Sie ganz allein im Laden, Sarah?« Es tat Jana leid, wie die junge Verkäuferin sich bemühte, aber die Situation dennoch nicht zu lösen wusste. Sarah blickte überrascht auf. »Ja, die Kostensituation …« Sie brach ihren Satz ab. Jana konnte vor Augen sehen, wie dieses arme Ding ständig unter Druck gehalten wurde, immer mit der Drohung, dass der Arbeitsplatz nicht erhalten bleiben kann, wenn nicht ein bestimmter Umsatz hereinkäme. Jana wusste nicht recht darauf zu antworten.

Sarahs Miene wurde weinerlich, sie wandte sich Jana zu. »Wir werden die Leggins bestimmt wieder hereinbekommen.« Mit verzweifeltem Lächeln zog sie ein Kleid hinter dem Rücken hervor, hielt es Jana vor. »Sehen sie sich das einmal an, ist das nicht cool?«

Es war einfach nur furchtbar. Anstatt der gesuchten Leggins hatte Jana sich ein Kleid von der verzweifelten

Verkäuferin aufdrängeln lassen. Nun stand sie in der Umkleidekabine und betrachtete sich im Spiegel. Angezogen wirkte das Kleid noch schrecklicher als auf dem Bügel. Die Farbe erinnerte an Großmutters Schürze und in dem Schnitt hatte sie eine Figur wie eine Tonne. Warum hatte sie sich nur überreden lassen? Sarah hatte ihr leidgetan, ja, aber nun stand sie wieder einmal mit etwas da, was sie nie gewollt hatte. Aus reiner Rücksichtnahme. Weil sie sich nicht traute, Nein zu sagen.

»Und? Wie gefällt es?« Die ganze Zeit über hatten keine weiteren Kunden den Laden betreten. Sarah hatte vor der Kabine gewartet. Sie hatte das einzige Erfolgserlebnis ihres Tages dicht vor ihren Augen: die Kundin Jana, die nicht in der Lage war, Nein zu sagen. Diese nette Kundin Jana, die ein Kleid für 149,99 Euro kaufen würde. Jene nette Jana, die mehr Geld ausgeben würde, als sie bei sich hatte, nur um der verzweifelten Verkäuferin Sarah eine Freude zu bereiten.

»Zahlen Sie bar oder mit Karte?«

Der Eifer der jungen Verkäuferin fühlte sich an wie eine Schlinge um den Hals, und Jana erinnerte sich an einen Ratgeber, den sie vor wenigen Tagen gelesen hatte. Es ging dabei genau um das Thema, wie man Nein sagen kann. Sie fasste sich ein Herz. »Ich muss noch einmal drüber schlafen.« Gleich nachdem sie diesen Satz ausgesprochen hatte, empfand sie ein befreiendes Gefühl. Es war das erste Mal, dass sie so direkt geantwortet hatte. Die Verkäuferin schien überhaupt nicht befremdet über Janas Antwort. »Beim letzten Fehlkauf habe ich mir geschworen, nie mehr übereilt zu kaufen.« Sie drückte Sarah das Kleid wieder in die Hand, nahm ihre Handtasche und hatte nur noch den Wunsch, sich mit Kevin zu treffen.

Es war Jana wie eine Eingebung in den Sinn gekommen, sich mit einer Ausrede aus der Situation zu schleichen. Aber es war das erste Mal in ihrem Leben, dass sie nicht einfach Ja gesagt hatte. Das erste Mal, dass sie nicht ungewollt getan hatte, was andere wollten. Und sie fühlte sich toll dabei. Sie sah Kevin aus dem Computerladen kommen, winkte ihm zu.

»Ich muss dir etwas erzählen.« Bevor Jana von ihrem Erlebnis berichten konnte, sprudelte Kevin los. »Stell dir vor, der Verkäufer eben war ein total netter Kerl. Wirklich, echt nett. Und er hat mir auch ein bisschen leidgetan. Es war sein erster Arbeitstag.« Kevins Blick nahm diese mitfühlende Miene an. »Die Maus, die ich gesucht habe, kostet aber bei ihm 79 Euro und ich habe sie im Internet schon für 39 Euro gesehen.« Kevin wischte sich mit der Rückhand die Stirn. »Ich war nahe daran, sie trotzdem zu kaufen. Der arme Kerl! Aber dann habe ich einfach gesagt, dass ich drüber schlafen muss. Wie du mir neulich aus diesem Ratgeber vorgelesen hast, hab ihm die Maus wieder in die Hand gedrückt und bin raus aus dem Laden.« Jana lächelte, nahm Kevin in den Arm.

Konsequenz:

Jana hat Kleider im Schrank hängen, die ihr nicht gefallen und die sie niemals trägt. Da soll sie einen erneuten Fehlkauf aus Mitleid tätigen? Kevin soll die gleiche Computermaus zum doppelten Preis kaufen – aus Mitleid? Eine kleine Notlüge ist in diesem Kontext ein nützliches und legitimes Instrument. Vielleicht ist es ja auch gar keine Notlüge, vielleicht haben Sie ja wirklich schon Fehlkäufe zu Hause, zu denen Sie sich haben überreden lassen.

Lösung:

Schieben Sie das Nein auf, wenn Sie es nicht in dem Augenblick aussprechen können oder wollen. Das bewahrt vor falschen Entscheidungen. So machen Sie deutlich, dass Sie nicht kaufen werden. Der Verkäufer muss sich nicht weiter mühen. Sie haben Ruhe vor seinen Anstrengungen und am Ende des Tages hängt nicht das nächste ungeliebte Stück in Ihrem Schrank. Ganz gleich, wie sehr die Verkäuferin Ihnen auch leidtut, Ihr eigener Wille hat Vorrang.

Noch etwas Schönes: Sie können sich in dem Laden wieder sehen lassen, Sie haben niemanden verprellt.

Tipp 1:

Das aufgeschobene Nein können Sie auch in vielen anderen Situationen anwenden, in denen Sie nicht direkt Nein sagen wollen. Ganz gleich, ob ein noch so lieber Mensch Ihnen wieder einmal etwas aufbürden will oder jemand gesucht wird (nämlich Sie), der mal eben schnell etwas (ungewolltes) tut.

Tipp 2:

Üben Sie, sich aus der Situation zu nehmen. Üben Sie, auszusteigen, bevor ihnen jemand etwas aufschwatzt.

Sonst immer wieder gern.
Aber nicht jetzt.

Ich komme auf dich zu

Geschafft!« Jannik erschrak über sich selbst, sah sich um. Sein kurzer Freudenausbruch war glücklicherweise doch nicht so laut ausgefallen, wie er es im ersten Augenblick befürchtet hatte. Niemand sah von seinem Schreibtisch auf, alle waren beschäftigt. Alle Punkte auf seiner heutigen To-do-Liste hatte er erledigt, der Feierabend konnte kommen. Es war toll, dass seit letztem Jahr an den Freitagen um 14 Uhr Feierabend war. Gut, dafür musste man ab und zu an Samstagen arbeiteten oder vom Homeoffice aus. Aber das war nun einmal in einer Kreativagentur nicht anders zu machen. Bronco war der jüngste Chef, den Jannik jemals hatte und die ersten Worte, die alle zu hören bekamen, waren: ›Flexibilität, Flexibilität, Flexibilität!‹. Jannik atmete tief, was Bronco unter Flexibilität verstand, hatte er regelmäßig unter Beweis gestellt. Im Grunde war es eine Einbahnstraße, auf der er, Bronco, als Einziger Vorteile zu verzeichnen hatte. Alles anderen zahlten dazu, machten Überstunden, erreichten immer wieder die immer höher gesteckten Ziele, ohne dafür jemals einen Bonus bekommen zu haben. Jannik sah sich abermals um. Es gab keinerlei Kommunikation zwischen Kollegen, jeder arbeitete für sich gehetzt an seinem Computer oder telefonierte. Was für ein Dasein! Während Jannik seine Tasche packte, wurde er gewahr, dass er genauso arbeitet, wie er es niemals gewollt hatte. Lieber etwas weniger Geld, dafür kreativ arbeiten, das war sein Beweggrund, in der Agentur anzufangen. Die Einstellungsgespräche versprachen auch genau das, was er sich vorgestellt hatte. Doch schon sehr schnell stellte sich die Wahrheit heraus: Es waren fast ausschließlich Routinearbeiten, die er auszuführen hatte. Und so waren über zehn Jahre vergangen. Er ließ seinen Rucksack gedankenversunken sinken. Zehn Jahre! Eine Traurigkeit begann an ihm zu zerren, die in letzter Zeit immer häufiger aufkam und die er immer schwerer unterdrücken konnte. Auch nicht mehr mit der Flasche Rotwein am Abend.

›Lass dir halt nicht so viel gefallen. Du bist einfach zu gutmütig.‹ Natalie war die beste Ehefrau von allen – und sie hatte ihm oft ihre Meinung gesagt. Sie hatte wohl recht damit. Aber es war alles andere als einfach, Nein zu sagen. Erst recht in einer Agentur wie dieser, wo der Druck Jahr für Jahr zunahm und Umsatz statt Kreativität über allem schwebte. Nicht wenige Kollegen hatten sich Broncos Tyrannei gefügt, versuchten, mit immer mehr Leistung zu brillieren. Und wurden gelobt. Knapp, aber es gab hin und wieder ein Lob. Wer hingegen aufbegehrte, hatte sich harten Kämpfen gegenüber gesehen und verließ resigniert die Agentur. Natürlich waren es die weniger begabten Kollegen wie Rocky, die sich von Bronco in diese Kämpfe mit einbeziehen ließen und ihm gehorsame Dienste leisteten. Jannik wusste nicht, wem er trauen konnte. Das war vor zehn Jahren anders.

Was soll's, dachte er, packte weiter seine Tasche. Heute ist erst einmal Feierabend. Und es war ein besonderer Tag. Am morgigen Samstag würde Lea acht Jahre alt werden. Alles war vorbereitet, sobald Jannik nach Haus käme, würden sie losfahren. ›Eine Überraschung‹, mehr würden sie Lea nicht verraten. Am nächsten Morgen würden sie nach dem Frühstück direkt zum Zoo in Leipzig laufen. Sie hatten das Hotel ausgewählt, weil es fußläufig zum Zoo liegt. Wenn die Fahrt auch nur zwei Stunden dauern würde, so war doch fest verabredet, dass sie rechtzeitig losfahren, damit sie noch am Abend gemeinsam im Hotelpool planschen könnten. Jannik freute sich schon auf die strahlenden Gesichter von Lea und Natalie.

»Alle mal herhören.« Broncos Stimme durchschnitt die Klickergeräusche der Tastaturen. Ein Drucker schob surrend noch zwei Seiten heraus, blieb dann still. Ein Kollege flüsterte etwas in den Telefonhörer, legte auf. Innerhalb weniger Sekunden herrschte Stille, alle reckten die Hälse, Rocky stand brav auf. Bronco hatte sich inzwischen in der Mitte des Büros positioniert, hielt eine Hand in der Hosentasche, mit der anderen Hand rotierte er nervös einen Kugelschreiber zwischen zwei Fingern.

»Verdammt beschissen! Verdammt beschissene Zahlen, Freunde!«

Bronco blieb stehen, starrte still von einem zum andern. »Ich hatte gerade eine wunderbare Telefonkonferenz.« Wieder starrte er in die Runde, ging nun mit langsamen Schritten umher. »Und stellt euch vor, was das Ergebnis war.« Es hatte leiser werdend geredet. Plötzlich brüllte er lauter als zuvor. »Beschissene Zahlen! Ich weiß nicht, wofür ich jeden Monat ein Schweinegeld bezahle für angebliche Fachkräfte, wenn die Ergebnisse nicht stimmen. Da komme ich besser weg, wenn ich eure Arbeit von irgendwelchen Indern oder Asiaten sonst wo auf der Welt machen lasse.«

Jannik schluckte, auch den anderen stand der Schreck ins Gesicht geschrieben. Bronco sah auf seine überdimensionale Armbanduhr, drehte sich dann wortlos ab. Abrupt blieb er stehen, starrte noch einmal in die Runde, wippte mit dem Zeigefinger. »Ab sofort werden hier Überstunden geschoben, bis die Zahlen auf Kurs sind.« Dann preschte er aus dem Büro.

Sekundenlang blieb die Stille, niemand regte sich. Unverzüglich hatte Rocky als erster begonnen, auf seine Tastatur einzuhämmern. Langsam packte Jannik die letzten Utensilien in seine Tasche und schloss sie. Er wagte nicht aufzustehen. Er wäre der einzige gewesen, alle anderen hatten ihre Arbeiten wieder aufgenommen, arbeiteten hektischer als zuvor. Er sah auf sein Smartphone. 14:10. Nicht schon wieder zu spät kommen. Nicht an diesem Tag. Er überlegte, Natalie anzurufen. Vielleicht könnten sie doch morgen in aller Frühe fahren, dann hätte er noch Zeit, um Aufträgen hinterherzutelefonieren. Das würde zu einer Katastrophe führen, Natalie würde ausflippen. Und das zu Recht. Seine Gedanken sprangen. Das Angebot an Gelbert & Sohn war auftragsreif. Er wollte das erst im nächsten Monat holen, aber da Bronco einen solchen Druck machte … Wenn es darauf ankam, hatte Jannik immer noch irgendwo ein Ass im Ärmel. Immer wieder hatte er Bronco so aus der Patsche geholfen und noch von irgendwoher einen Auftrag gezaubert, wenn alles andere nicht klappte. Das hatte jedes Mal zu einem Lob geführt, das er genoss. Ja, es stimmte, er musste sich eingestehen, dass er ein harmoniebedürftiger Mensch war, der Kritik und Druck nur schwer wegstecken konnte und sich nach jedem Lob verzehrte. Es zog sich im Grunde durch sein Leben wie ein roter Faden, dass er es als pflichtbewusster Mensch allen recht machen wollte und er dafür ausgenutzt wurde. Verbittert dachte er daran, dass seine Ziele in jedem Jahr höher gesteckt wurden als die der anderen Kollegen. Er hielt das Telefon in der Hand, rang mit sich, blickte auf Natalies Nummer. Verdammt, warum war das alles so kompliziert? Auf seiner Stirn hatte sich ein glänzender Film gebildet und er spürte sein Hemd klamm an seinem Rücken.

Plötzlich stand Bronco neben ihm. »Hier.« Er schleuderte Jannik einen Stapel Unterlagen auf den Schreibtisch, starrte ihn dann fassungslos an. »Was hast du vor?« Mit nervös wippendem Finger deutete er auf die Tasche, die Jannik auf seinem Schoß hielt. Seine Stimme erhob sich abermals.

»Hast du nicht zugehört? Sieh zu, dass du an das Telefon kommst und Aufträge generierst, pronto.« Ungehalten drehte er sich wieder um, stürmte zurück. Aus den Augenwinkeln hatte Bronco gesehen, dass sich Jannik erhoben hatte und stoppte. Wutentbrannt drehte er sich wieder um.

»Heute nicht, Bronco.« Jannik streckte Bronco seine Handfläche entgegen, bevor der weiterschreien konnte. »Wenn ich jetzt nicht gehe, habe ich eine enttäuschte Tochter und eine enttäuschte Frau zu Hause.« Noch immer hielt Jannik seine Handfläche empor. »Ich habe dafür vorgearbeitet, Bronco. Meine Zahlen sind absolut im Soll. Ich komme Montag auf dich zu, dann können wir alles Weitere besprechen.«

Bronco stand sekundenlang da, ohne sich zu regen. Nachdem Jannik das Büro verlassen hatte, hatte er keinen Schimmer, wie das Gespräch am Montag verlaufen würde.

Eigenartigerweise war ihm das egal. Er hatte nur noch Lea und Natalie im Kopf, die Fahrt nach Leipzig, den schönen Hotelpool und morgen dann den Zoobesuch mit den beiden. Er zog das Smartphone, das er die ganze Zeit über in den Fingern gerieben hatte, aus der Tasche, blickte darauf, als er den Abwärtsknopf im Aufzug drückte. Er würde den Headhunter anrufen, der im Frühjahr Kontakt zu ihm aufgenommen hatte. Jannik war entschlossen, in seinem Leben einen neuen Punkt zu setzen. Nichts würde sich in seinem derzeitigen Job ändern, niemals. Dazu hatte er all die Jahre zu fest ein Bild von sich selbst gemalt, das unabänderlich bewirkte, dass er ausgenutzt wurde. Er würde einen Neuanfang machen, eine Arbeit annehmen, die ihm ein Leben mit der Familie erlaubte. Und er würde heute Abend keinen Wein trinken.

<u>Konsequenz:</u>

Jannik hat Jahre vergehen lassen, in denen er Dinge tat, die nicht seiner Überzeugung entsprachen. Seine Unzufriedenheit wuchs, längst hatte er versucht, sich mit Alkohol Erleichterung zu verschaffen. Erst als mehrere entscheidende Dinge zusammentrafen, fand er die Kraft, sich zu befreien: Die Liebe zu seiner Frau und zu seiner Tochter, der kürzlich geknüpfte Kontakt zu einer besseren Arbeitsstelle und die Erkenntnis, wie er sich aus einer Drucksituation herausholen kann.

<u>Lösung:</u>

- Überwinden Sie Ihre mentale Unterlegenheit, indem Sie sich Zeit verschaffen, »Ich komme gleich auf Sie zu.«

- Wie wird er reagieren? Er wird Druck machen. Je eher Sie der Wahrheit ins Auge blicken, desto eher fällen Sie die richtige Entscheidung und desto weniger sind Sie überrumpelt, wenn diese Wahrheit eintritt.

- Sie haben das Recht, Ihre Wünsche zu äußern. Für Ihr Wohlbefinden sind allein Sie verantwortlich.

- Er hat das Recht, beleidigt zu sein. Das liegt in seiner Verantwortung.

- Geben Sie sich die Erlaubnis, Nein zu sagen.

Tipp 1:

Überfordern Sie sich nicht. Situationen wie diese werden immer wieder anders verlaufen, als Sie es planen. Auch nach jahrelangem Training noch. Wichtig ist nur, dass Sie dabei bleiben. Geben Sie niemals auf. Sie sind es wert.

Wer sich aus Angst vor Ablehnung verbiegt, erfährt niemals mehr Respekt und Anerkennung. Je mehr Sie zu sich stehen, desto mehr Achtung und Bestätigung werden Sie erfahren.

Tipp 2:

Haben Sie immer einen Plan B! Vernetzen Sie sich, auch mit Headhuntern, das gibt ein gutes Gefühl und reflektiert Ihren tatsächlichen Marktwert.

Ich habe ein Problem,
hast du dafür Verständnis?

2. Phase. Das Problem-Nein

In der ersten Phase haben wir gelernt, uns Zeit zu verschaffen, indem wir nicht mehr so schnell wie früher Zusagen tätigen.

In dieser zweiten Phase gehen wir dazu über, direkt Nein zu sagen. Das geschieht ebenfalls noch in einer gemilderten, nicht konfrontativen Form.

Ist das süß, das muss ich haben.
Reiß mir lieber mein Herz heraus.

Oh bitte leih mir das

Traurig hielt Meike ihre Lieblings-DVD in den Händen. So gut es eben ging, wischte sie die matten, klebrigen Spuren von der Hülle. Schlimmer waren die Kratzspuren auf der DVD selbst. Schön und gut. ›Man streamt ja heute auch.‹ Da hatte Esther durchaus recht. Aber Meike hatte nun einmal von ihrer Lieblings-Serie alle fünfzig Teile als DVD gesammelt. Es waren Erinnerungen damit verbunden, und sie sah sie einfach zu gern an. Obwohl Esther DVDs altmodisch fand, musste sie sich unbedingt Teil 12 ausleihen. Warum hatte Meike sich nur darauf eingelassen? Natürlich gab es die DVD erst nach mehrmaligem Nachfragen zurück und dann in einem Zustand, der Meike die Tränen in die Augen trieb. Es war ein Punkt erreicht, an dem es so nicht weitergehen konnte. Es war einfach zu oft vorgekommen, dass Esther sich Sachen auslieh und nicht oder beschädigt zurückgab. Wenn sie nur an ihre schwarze Jacke dachte, kam die reine Wut wieder in ihr hoch. Eine nagelneue Jacke, die sie selbst noch nie getragen hatte, musste Esther sich unbedingt ausleihen.

»Nun hab dich doch nicht so. Du bekommst sie doch wieder«, hatte Esther gesagt, schnappte sich das schicke Teil und war damit im nächsten Augenblick verschwunden. Es war kalt geworden an diesem Abend, Esther hatte wieder einmal sorglos keine eigene Jacke bei sich gehabt und versorgte sich stattdessen im Handumdrehen mit Meikes neuem Stück. Erst bei einem Gegenbesuch hatte sie die Möglichkeit, ihre Jacke zurückzubekommen. »Ach ja, deine Jacke. Die hängt draußen an der Garderobe.« Meike hatte gedacht, der Schlag würde sie treffen: übersät mit Haaren der Katze, und als sie näher heranging, nahm sie einen unangenehmen Geruch wahr. Auch an diesem Tag hatte Meike mit Tränen der Wut gerungen. Nein, ihr Entschluss stand fest, sie würde Meike künftig Nein sagen, wenn sie Nein meinte. Doch wie sollte sie das bewerkstelligen? Einfach nur Nein zu sagen, hatte Meike bereits vorsichtig versucht. Das verpuffte wirkungslos. Meikes Versuche waren regelrecht an Esther abgeperlt. Als wäre sie gegen die Bedürfnisse anderer Menschen völlig immun.

Das Klingeln des Backofens riss Meike aus ihren Gedanken. Während sie die Baguettes herausnahm, bemerkte sie, dass sie die Zeit aus den Augen verloren hatte und damit die Tatsache, dass Esther bald vor der Tür stehen würde. Die Frauen waren verabredet, genauer gesagt hatte Esther sich selbst bei ihrer Freundin eingeladen. »Mittwoch könnten wir doch wieder einmal zusammen kochen. Ich habe einen langen Tag in der Bank und würde gegen halb acht bei dir sein.«

Es wurde zwanzig Uhr und Esther war noch immer nicht eingetroffen. Sie schaffte es nie, zu der Zeit zu erscheinen, zu der sie verabredet waren. Dieser Umstand störte Meike nicht. Sie hatte die verabredete Uhrzeit erst gar nicht als Start für das Essen eingeplant.

Es war alles vorbereitet, sie hielt alles auf kleiner Flamme warm. Längst hatte sie gespült, was nicht mehr benötigt wurde, die Arbeitsplatten gesäubert und den Tisch gedeckt.

Zufrieden zündete sie eine Kerze an, schob noch einmal die Bestecke einige Millimeter zurecht. »Wir kochen wieder einmal zusammen«, sprach sie zu sich selbst und äffte Esther nach. Unausgesprochen stand von Anfang an fest, dass Meike selbstverständlich alles fertig gekocht hatte, wenn Esther endlich auftauchen würde. Nicht dass es Meike jemals gestört hatte, sie mochte es zu kochen. Und sie mochte es, wenn ihre Freundin sich hungrig darauf stürzte, sich danach zufrieden zurücklehnte und immer wieder das gelungene Essen würdigte. Meike fühlte sich dann wohl. Sie hatte ihrer Freundin etwas Gutes getan und erhielt dafür ausgiebig Lob. Irgendwie war das so zu einer schönen Routine geworden.

Doch an diesem Tag war etwas anders. Meike konnte sich nicht mehr wie sonst auf den Besuch ihrer besten Freundin freuen. Die zerkratzte DVD und ihre stinkende, von Haaren übersäte Jacke hatten einen drückenden Schatten über alles gezogen.

Es klingelte. Endlich! Meike ging eilig zur Tür, öffnete. Esther stürmte an ihr vorbei, warf im Laufen ihre Tasche auf den Flurboden und verschwand im Badezimmer.

Meike lachte, als Esther sichtlich erleichtert wieder vor ihr stand. »Bist du wieder auf der Flucht vor dir selbst?« Nicht einmal das konnte ihre Freundin rechtzeitig einplanen.

»Hör bloß auf.« Esther nahm Meike schnaufend in die Arme. »Entschuldige, das war wirklich dringend.« Sie zog im Stehen ihre Schuhe aus, kickte sie zur Seite und nahm sich die Hausschuhe, die Meike bereitgestellt hatte. »Das war vielleicht ein Tag, kann ich dir sagen.« In sprudelnder Folge gab Esther alle Missgeschicke ihres Tages wieder, blieb dabei dicht neben Meike, die ruhig das Essen auftat. Auch während des Essens hielt Esthers eifriger Bericht mit kopfschüttelnden Gesten an.

Schließlich war der wohlige Moment da. Esther wurde ruhiger, nahm ihr Weinglas, nippte daran. »Das war wieder einmal großartig, Meike. Ich liebe diese Abende mit dir.« Sie prostete ihrer Freundin zu, stellte ihr Glas ab und stand auf und zog eine Zigarette aus der Schachtel. »Kommst du mit?« Meike nahm sich auch eine, folgte auf den Balkon. Sie bliesen den Rauch in den Himmel, der an diesem Spätsommerabend schon dämmerte. »Es wird schon recht kalt.« Esther drückte ihre Zigarette in dem Blumenkasten aus, ging wieder in das Wohnzimmer. Meike folgte ihr. »Ich habe noch einen kleinen Kuchen zum Nachtisch gebacken.«

»Kannst du Gedanken lesen?« Esther nahm sie in die Arme. »Ich habe gerade gedacht: Jetzt würde ein leckeres Stück selbst gebackener Kuchen das Essen abrunden. Du bist ein Schatz, Meike.«

Meike zog ein Leinentuch beiseite, nahm die hohe Steingutbackform dicht zu sich heran. Vorsichtig drehte sie die Form um, bis der Kuchen auf das Holzbrett rutschte. »Wie das duftet.« Esther kam näher heran. »Du liebe Güte, was ist denn das?«

Meike erschrak. »Was meinst du?«

»Die Backform.« Sie huschte voran, nahm die Backform in beide Hände und drehte sie vor sich. »Die ist ja süß. Das ist ja eine richtige alte Gugelhupf-Form.«

Meike wurde unbehaglich. Sie kannte diese Phase der Begeisterung bei ihrer Freundin. Zuerst wird ein Gegenstand bewundert, dann die absolute und unumstößliche Notwendigkeit wiederholt, dass Esther dies oder das unbedingt haben müsse. Und am Ende würde Meike ihrem Eigentum wieder hinterherlaufen, bis sie es schließlich zurückbekam. Wenn sie es überhaupt jemals wiedersah, dann in einem furchtbaren Zustand. Aber diese Kuchenform war nicht einfach irgendeine Kuchenform. Es war tatsächlich ein sehr altes Stück, mit dem ihre Großmutter schon gebacken hatte. Diese Form und das original Backbuch hatte Großmutter ihr hinterlassen. Sie hatte gewusst, dass ihre Enkelin damit in berührender Weise an ihre Kindheitstage erinnert werden würde, wenn sie eines Tages nicht mehr da sein würde. Und so war es. Jedes Mal, wenn Meike den Teig in die Form füllte, konnte sie ihre liebe Oma neben sich sehen und hören, wie sie gütig zu ihrer kleinen Enkelin herunterschaute. Damals war der Löffel mit rohem Teig für die kleine Meike das Wichtigste. Heute war es die Erinnerung.

Esther gab die Form nicht aus der Hand. Noch immer drehte sie sie, bewunderte sie von allen Seiten. »Wenn ich die meinen Kolleginnen zeige, Mensch, die werden staunen. Wir haben gerade heute über so alte Sachen gesprochen. Und ich habe natürlich angegeben, dass ich total auf so etwas stehe.« Auf Meikes Stirn bildete sich feiner Schweiß. Sie musste etwas unternehmen, sonst wäre Esther im Handumdrehen mit der Form verschwunden, bevor der Abwasch anstand. Dieses Mal nicht, das war ausgeschlossen. Nicht diese Kuchenform ihrer geliebten Oma! Aber wie sollte sie das anstellen? Ausnahmslos alle Versuche, die Meike jemals unternommen hatte, wurden von Esther derart schnell im Keim erstickt, dass ihr ihre Lage absurd hoffnungslos vorkam.

›Wenn dir keine Stärke einfällt, nutze deine Schwäche.‹ Meike hatte diesen Ausspruch ihrer Großmutter damals ebenso wenig verstanden, wie die vielen anderen Weisheiten, die sie immerzu von sich gegeben hatte. Doch in diesem Augenblick ergab er einen Sinn. Er war die Lösung.

»Sei mir nicht böse, Esther.« Entschieden nahm sie ihrer Freundin die Form aus den Händen, stellte sie hinter sich. »Diese Form kann ich dir nicht geben.« Esther bekam kein Wort heraus, zwinkerte verblüfft. »Was manche Dinge anbelangt, habe ich eine beinahe autistische Macke.«

Meike behielt die Form hinter sich, blieb wie zum Schutz davor stehen. »Furchtbar, nicht wahr? Ich schäme mich ja auch ein wenig dafür. Aber es gibt Dinge … wenn die nicht an ihrem Platz stehen, werde ich wahnsinnig. Ich kann es schon kaum aushalten, wenn jemand anders sie nur berührt.« Sie blieb zwischen der Form und ihrer Freundin stehen, hielt ihren Blick fest.

Konsequenz:

Es wäre immer so weiter gegangen, dass Esther sich Dinge von ihrer Freundin Meike ausleiht und sie, wenn überhaupt, beschädigt oder beschmutzt zurückbekommt. Meike war nie stark genug, sich dagegen zu wehren. Bis an dem Tag, als ihr dieser alte Ratschlag ihrer verstorbenen Großmutter wieder einfiel.

Lösung:

Vielleicht hilft auch Ihnen eine emotionale Erinnerung, Ihren eigenen Wunsch zu äußern. Es ist wichtig, eigene

Wünsche, Stärken und Schwächen zu kennen. Finden Sie Ihre Stärken und vor allem Ihre Schwächen. Und nutzen Sie, was Sie haben. So ist der Bann einer Situation gebrochen.

Tipp:

Wenn Sie nicht stark genug sind, nutzen Sie Ihre Schwäche. Ihr Problem, Ihr Leid ist wichtiger als ein Gegenstand. Keine Freundin wird verlangen, dass Sie so leiden.

Das mit einem Problem verbundene Nein schafft Verständnis.

Ich tue das für die anderen,
bis ich selbst nicht mehr kann.
Wenn schlafen nichts bringt,
ist die Seele müde

Ich schaffe es einfach nicht

Verschwommen rasten die grell leuchtenden Lampen von oben nach unten vor Neele vorbei. Dazwischen immer wieder weiße Deckenfelder. Alles drehte sich, sie konnte sich nicht regen, hatte Angst herunterzufallen, als es um eine Kurve ging. Sie spürte die Kälte und die Härte der rappelnden Transportliege unter sich. Schnelle Schritte hallten um sie herum, warfen ihr unwirkliches Echo zurück. Gehetztes Atmen eines Mannes drang nahe zu ihr. Neben sich sah sie das gehetzte Gesicht und den Oberkörper eines rennenden Sanitäters oder Arztes, hörte wieder dieses hechelnde, von Todesernst getragene Atmen. Er trug eine grell rote Jacke mit weißen Reflektoren. Sie versuchte, ihren Kopf zu heben, doch er fiel schlaff zurück. Angst, Neele hatte Angst. Tränen liefen aus ihren Augenwinkeln an den Ohren vorbei, ohne dass sie den geringsten Einfluss darauf hatte. Eine Tür schlug krachend auf, das Atmen wurde schwerer. Mit einem groben Ruck kam die Transportliege zum Stehen.

»Auf drei – eins, zwei drei.« Die Stimmen waren fern. Unsanft wurde sie hochgehoben und in gleicher Weise auf eine andere Liege gelegt. Eine riesige helle Lampe flammte über ihr auf, ein Gesicht schob sich in ihr Sichtfeld. Alles in

Grün gehüllt, zwischen einer Atemmaske und einem Haarschutz blickten zwei Augen sie an. Braun, gütig, besorgt. Dann wurde es schwarz.

Das Piepen im Rhythmus des Pulses hatte ewig von weit her in ihren Ohren geklungen und kam nun näher. Als Neele Wuhlheim wach wurde, lag sie in einem Krankenzimmer der städtischen Klinik – allein. Aus einer Kunststofflasche über ihr lief tropfenweise eine klare Flüssigkeit durch einen Schlauch. Sie sah daran entlang, bis zu ihrer rechten Hand. Unter weißen Pflastern auf ihrem Handrücken steckte eine dicke Infusionsnadel. Dort mündete der Schlauch aus der Plastikflasche. Sie hob den Kopf, sah an sich herunter, ließ den Kopf wieder sinken. Es raschelte neben ihr, sie sah dort hin. »Verena, was machst du hier? Was ist geschehen?«

»Ganz ruhig, Kleines.« Ihre Freundin war eingenickt, sprang nun auf, stellte sich an Neeles Seite. »Ich habe dich in deiner Wohnung gefunden, besinnungslos.« Vorsichtig richtete sie das Kopfteil etwas höher, damit Neele bequemer aufsehen konnte. »Was hast du dir nur dabei gedacht?«

»Was meinst du?« Neele war noch immer nicht vollständig bei sich.

»Ich meine die Tabletten. Ich meine die Weinflaschen.« Verenas Blick wurde ernst. »Warum hast du nicht mit mir geredet?«

Schlagartig kehrte die Erinnerung zurück. Neele hatte wieder einmal einen dieser zermürbenden Tage hinter sich gebracht, hatte am Abend den Kopf nicht frei bekommen und deshalb eine Flasche Wein geöffnet. Wie so oft, in den letzten Monaten. Dann, als es auf die Nachtruhe zuging, hatte sie eine Schlaftablette genommen. Doch weder Müdigkeit noch innere Ruhe kamen und sie nahm eine weitere. Die dritte Tablette hatte schließlich gewirkt, bis sie auf der Krankentrage mehr oder weniger zu sich gekommen war.

»Es ist nicht, wie du denkst, Verena. Ich habe nur zur Beruhigung …«

Verena legte ihre Hand auf Neeles Schulter. »Du bist hier als Suizidpatientin eingeliefert worden. Alles hat danach ausgesehen, Neele. Ich mache mir allergrößte Sorgen.«

Wieder versuchte Neele einzuwenden, dass es sich um ein Missverständnis handelt. Doch bevor sie etwas sagen konnte, öffnete sich die Tür, ein gut aussehender Mann trat ein und kam mit ausgestreckter Hand auf Neele zu. »Ich bin Doktor Becker, Frau Wuhlheim. Wie fühlen Sie sich?« Während er sprach, fühlte er ihren Puls, sah dabei auf die Uhr.

»Etwas flau, aber soweit recht gut.« Sie wollte sich erheben, doch ein brennender Schmerz riss sie zurück. »Autsch!«

»Bitte bleiben Sie liegen, Frau Wuhlheim.« Doktor Becker zog sich einen Stuhl heran, setzte sich neben sie. »Frau Wuhlheim, Sie hatten Glück im Unglück. Als wir ihren Magen ausgepumpt haben, förderten wir eine erhebliche Menge Blut mit hervor.« Er behielt seinen sanften Blick bei Neele, die sprachlos zuhörte. »Hätten wir das geplatzte Magengeschwür nicht behandelt, hätte das übel ausgehen können. So weit die gute Nachricht.«

Neeles Augen weiteten sich verstört. »Ein Magengeschwür? Ich wusste nicht … Was ist dann die schlechte Nachricht?«

Doktor Becker sah zu Verena, die nickte, dann wieder zu Neele. »Frau Wuhlheim, Ihre Freundin hat Ihnen heute zwei Mal das Leben gerettet. Sowohl das Magengeschwür als auch die Tabletten in Verbindung mit dem Alkohol hätten Sie umgebracht.« Er ließ seine Worte einen Augenblick wirken. »Wenn Ihre Freundin Sie bitten würde, jetzt aufzustehen und mit ihr zusammen etwas zu erledigen. Etwas, das für Ihre Freundin von großer Wichtigkeit ist. Was würden Sie tun?«

»Natürlich würde ich Verena helfen, was denken Sie denn?« Neele war verwundert. Sie sah auf das Namensschild, das der Arzt an seinem Revers trug. Was sollte diese Frage und was dachte dieser Doktor Pascal Becker von ihr?

»Haben Sie nicht etwas Wichtiges vergessen, Frau Wuhlheim?«

Neele atmete tief, sah auf die Infusionsnadel in ihrer Hand. »Verdammt, ich muss nach Hause. Ich habe noch tausend Sachen zu erledigen. Mein Gott, meine Kollegin braucht dringend die Hose, die ich ihr abnähen soll. Meine Tochter muss übermorgen einen Blechkuchen mit zur Arbeit nehmen. Und …«

Doktor Becker rückte mit ihrem Stuhl nahe an Neele heran. »Frau Wuhlheim, wie viel wollen Sie sich noch aufbürden?« Neele atmete ein, doch sofort hakte Doktor Becker nach. »Sie wollen es allen recht machen, laden sich so viel Arbeit auf, dass es unmöglich zu schaffen ist. Im Ergebnis sind Sie völlig überlastet und ausgepowert. Sie kommen ohne Alkohol und Tabletten nicht in den Schlaf und ohne Aufputschmittel nicht mehr über den Tag. Der Ärger, den Sie selbst mit dieser Lebensweise provoziert haben, hat Sie so weit von innen her zerfressen, dass ein Magengeschwür Sie beinahe dahingerafft hätte.« Er ließ das einen Moment sacken, sah zu Verena.

Zustimmender Blick.

Dann nahm er Neeles Hand. »So weit die schlechte Nachricht, Frau Wuhlheim.« Er zog ein kleines Notizbuch aus seiner Tasche und gab es Neele. »Sie haben das Problem, nicht Nein sagen zu können.« Doktor Becker hob besänftigend die Hand, er hatte sofort Neeles Blick erkannt. »Keine Sorge, Frau Wuhlheim, ich bin kein Hellseher.« Er blickte kurz zu Verena. »Ihre Freundin hat mir einiges von Ihnen erzählt, in dem ich mich und meine Probleme in der Vergangenheit wiedererkannt habe. Ich weiß sehr genau, wie Sie sich fühlen und was an Ihnen zerrt.« Sein Blick wurde sehr ernst.

»Nehmen Sie das, was Ihnen heute widerfahren ist, als Warnung. Um Haaresbreite wäre alles vorbei gewesen.« Er streckte Neele das Notizbuch entgegen. »Ganz vorn in dieses Büchlein habe ich Ihnen meine Ratschläge geschrieben. Weiter hinten sollten Sie Ihre Wünsche und Forderungen notieren, die Sie haben. Und die Menschen notieren, die Ihnen guttun. Genau wie jene, die Ihnen schaden und Sie nur ausnutzen.« Er sah auf die Uhr, stand auf, schob seinen Stuhl wieder an die Wand. »Sie dürfen das und Sie können das.« Er sah sie noch einmal lächelnd an, dann verließ er das Zimmer.

Verena saß noch immer nahe bei ihrer Freundin. »Ich habe nicht gewusst, dass du dieses Problem hast, Neele.« Zärtlich streichelte sie das Haar ihrer Freundin, Tränen liefen beiden Frauen über die Wangen. »Wir werden einiges ändern, meine Liebe. Und ich werde dir dabei helfen.« Verena blätterte das Büchlein in Neeles Hand auf. Gebannt lasen die beiden darin.

- *Denke an dich*

- *Sag: »Nein, ich schaffe das nicht!«*

- *Du bist einzigartig, so wie du bist.*

- *Du darfst Wünsche und Bedürfnisse haben. Du hast das Recht dazu.*

- *Du darfst Nein sagen, wenn dich etwas überfordert. Auch das Recht hast du.*

- *Wer kein Verständnis hat, trägt allein dafür die Verantwortung. Seine Anforderungen sind womöglich zu hoch.*

- *Sorge für jene, die es wert sind. Zuerst bist du es wert!*

Konsequenz:

Neeles Pflichtbewusstsein, ihr Bedürfnis, es allen recht zu machen, hat sie in eine prekäre Lage gebracht. Tabletten und Alkohol waren zu ihren Helfern in der Not geworden und brachten sie beinahe ins Grab.

Lösung:

Das Glück lag im Unglück. Doktor Becker hat Neele darauf gebracht, ihre eigenen Bedürfnisse und Wünsche zu erkennen und zuzulassen. Das ist ein sehr wichtiger erster Schritt. Sie dürfen Wünsche haben und Sie dürfen sie äußern. Und Sie dürfen zu anderen Nein sagen.

Tipp:

Legen Sie sich ein Tagebüchlein zu. Ganz gleich, ob es ein Buch aus Papier oder OneNote oder Evernote auf dem Handy ist. Notieren Sie, was Ihre Wünsche sind. Was möchten Sie nur zu gern erleben? Oder tun? Oder haben?

Schreiben Sie auch gute und schlechte Erlebnisse auf. Wer hat Ihnen gutgetan? Wer hat Ihnen geschadet?

Das hast du toll gemacht.
Nächstes Mal gern.

3. Phase. Das Lobe-Nein

In dieser dritten Phase des Nein-Sagens machen wir einen ersten Schritt Richtung Konfrontation. Wir wechseln allmählich von der reaktiven Vorgehensweise in die aktive.

Keine Bange, wir werden weiterhin sehr umsichtig vorgehen.

Dein Kuchen sieht himmlisch aus,
ich muss aber wegen meiner Diät verzichten.

Ich habe mir damit so viel Mühe gegeben

Melina stand auf, sah sich um. Keine ihrer Kolleginnen schien Notiz von ihr zu nehmen. Das war gut so. Acht Mal war sie an diesem Vormittag schon zur Toilette gegangen, um sich im Spiegel anzusehen. Es waren jetzt insgesamt sechs Kilo, die sie sich in vier Wochen herunter gehungert hatte. Eine furchtbare Zeit. Aber von dem Blick in den Spiegel konnte sie einfach nicht genug bekommen. Noch vier Kilo und sie wäre am Ziel. Es würde nicht einfach sein, aber sie würde dabei bleiben. Sie ging näher mit dem Gesicht an den Spiegel heran, wischte sich mit der Fingerspitze unter den Lidschatten entlang. Es war eigenartig. Die ersten Tage hatte sie gedacht, sie würde sterben, so hatte ihr der Magen geknurrt. Dann kamen Tage, an denen sie beinahe nichts essen musste und dennoch kaum Hunger verspürte. Wie in einer Euphorie. Dann fiel das Gewicht nur noch ganz wenig. Sie hatte gelesen, dass der Körper in dieser Zeit der Nahrungsreduzierung die Verbrennung herunterfährt. Sozusagen in ein Ökoprogramm.

»Sie müssen essen, sonst nehmen Sie kaum etwas ab und fühlen sich nur elend. Aber essen Sie gesund. Möglichst keinen Süßkram oder Alkohol. Das schlägt sich sofort und direkt wieder auf die Hüften. Besser sind eiweißreiche und fettarme Nahrungsmittel.« Melina hatte den Rat ihrer Ärztin beherzigt, die ihr noch eine detaillierte Broschüre mitgegeben hatte. Und siehe da, alles klappte besser. Natürlich nicht mehr so rasant wie in den ersten Tagen. Aber dennoch schrumpfte ihr Gewicht stetig und sie fühlte sich recht wohl.

Sie blickte noch einmal an ihrem Spiegelbild herunter, drehte sich zufrieden um und ging zurück zu ihrem Schreibtisch. Stimmengewirr schlug ihr entgegen, laute Stimmen, Gelächter. Vorsichtig ging sie weiter, sah um die Ecke. Sie hatte es vergessen: Saskia hatte per E-Mail in die Küche geladen. Ein Bild ihrer sagenhaften selbst gemachten Torten war dabei. Der Schokoladenüberzug glänzte dunkel und trieb einem das Wasser im Munde zusammen. Es war vierzehn Uhr. Die gesamte Abteilung versammelte sich, Saskia wurde umringt. Wortfetzen und immer wieder aufbrandendes Lachen vermischten sich. Stolz schnitt sie die Torte in gleichmäßige Stücke, erklärte dabei, wie sie den Teig rührte, wie lange er im Ofen war, welche Zutaten sie für die Creme verwendete. Melina bewunderte aus der Ferne das verführerisch aussehende Kunstwerk. Doch sie wusste, dass es ein Fehler gewesen wäre, nach den Wochen erfolgreicher Diät nun ausgerechnet eine solche Kalorienbombe zu essen. Sie wollte vernünftig bleiben. Unbedingt. Und eigenartigerweise hatte sie auch längst nicht diesen Heißhunger, wie sie erwartet hatte. Sie würde einfach im Hintergrund bleiben, abwarten bis alles vorbei war und sich somit unnötige Diskussionen ersparen. Sie hatte noch nie sonderlich viel davon gehalten, anderen Menschen zu erklären, warum sie das eine mochte oder wollte – und das andere nicht. Im Grunde waren ihr derlei Diskussionen sogar ein Gräuel. Wenn sie nur daran dachte, dass zwölf

Kolleginnen und Kollegen auf sie starrten, während Saskia sie aufgeregt ausfragte, warum sie nicht von der schöne Torte essen würde. Ob sie etwa nicht schmecken würde. Die einzige Kollegin, die womöglich Verständnis hegen würde, war Dörthe, die ebenfalls gerade eine Diät machte. Wo war Dörthe überhaupt? Super. Sie hatte es klüger angestellt und sich beizeiten verdrückt. Oder einen Bogen um diese Veranstaltung gemacht. Dafür war es zu spät, einige hatten Melina schon gesehen, sie musste also dabei bleiben. Aber im sicheren Hintergrund, das war die bessere Alternative.

»Melina, da bist du ja.« Es durchfuhr sie wie ein elektrischer Schlag. Obwohl sie sich in sicherem Abstand befand, hatte Saskia sie entdeckt. Augenscheinlich freute sie sich ehrlich, Melina entdeckt zu haben. Lächelnd schnitt sie ein riesiges Stück zurecht, legte es auf einen Teller, den sie ihr jeden Augenblick entgegenhalten würde. Das würde der Zeitpunkt sein, den Melina so fürchtete, zu dem alle sie anstarren würden und erwarteten, dass sie den Teller abnahm und zu essen begann.

Wie komme ich nur aus der Situation heraus?

Melinas Gedanken rasten. Vielleicht würde es ja gar nicht so bedeutend sein, wie die Ärztin es dargestellt hatte. Was sollte schon ein Stück bewirken? Doch es ekelte sie beinahe bei dem Gedanken, nach Wochen der Diät nun ein Stück dieser Torte zu essen. Die ersten Kollegen drehten sich um, sahen in ihre Richtung. Mit schweren Schritten ging sie los.

»Du bist einfach zu schüchtern. Komm mit.« Sie hatte Dörthe nicht bemerkt, die auf einmal neben Melina stand, sie unterhakte und sie, ohne zu fragen, mitriss. Dörthe lächelte sie an, »Wir treten jetzt die Flucht nach vorn an.«

Dörthes Fröhlichkeit war ansteckend. Wie selbstverständlich hatte sie sich und Melina in die erste Reihe geschoben. »Oh, mein Gott, sieht das fantastisch aus. Darf ich?« Sie übernahm das Schneiden der Torte, packte Stück für Stück auf Teller und gab ihn Melina. Melina verteilte lächelnd weiter. »Saskia, du musst mir unbedingt das Rezept geben.« Dörthe war in ihrem Element, sie lobte Saskia weiter.

»Ausgerechnet jetzt machen Melina und ich eine Diät.« Schon setzte Saskia an, wollte wahrscheinlich einwenden, was alle in einer solchen Situation einwenden: *Aber ein Stück kann doch nicht schaden.* Doch wieder war Dörthe schneller: »Ich hasse Diäten. Und erst recht diese, sie erlaubt keine Ausnahme.« Sie schaute sich um, »Hey, Matthias, komm näher, du hast ja noch nichts abbekommen.«

Melina hatte Dörthe begeistert beobachtet, sich inzwischen ein Glas Wasser genommen und mischte sich unter die Kollegen. Sie gab dabei den Gesprächen immer wieder mit offenen Fragen die Richtung: »Wohin werdet ihr dieses Jahr verreisen?«

Ihre Diät war kein Thema mehr.

Konsequenz:

Melina, die schon seit einiger Zeit mit Erfolg eine Diät absolviert hatte, wusste sich nicht zu helfen. Als es ans Verteilen der Torte ging, überlegte sie fieberhaft, wie sie der Kalorienbombe entgehen könnte, ohne ihre Kollegin zu verletzen. Saskia war so stolz auf ihr Kunstwerk. Ihre

Freundin Dörthe war Rettung in letzter Sekunde, und zeigte ihr, dass ein Rückzug der falsche Weg ist. Nein, offensives Herangehen ist die beste Lösung.

Lösung:

Sich zu verstecken, ist keine Lösung. Üben Sie, aktiv in derartige Situationen hineinzugehen. Anstatt zu hoffen, dass Ihre Diät nicht Thema würde, gehen Sie dieses Thema lieber sofort an. Kurz, gern auch selbstironisch, das ist sympathisch. Dann steuern Sie auf ein anderes, interessanteres Thema zu und bleiben offen dabei.

Tipp:

Wenn Sie in Gesprächen offene Fragen stellen, können Sie das Thema schnell steuern. Fragen Sie nicht: »War eure letzte Reise schön?« Die Antwort kann Ja oder Nein lauten. Sondern fragen Sie: »Wohin werdet ihr in diesem Jahr verreisen?«

Danke,
(aber Sie können mich mal).

4. Phase. Das Höflich-Nein

Hier in der vierten Phase sind wir so weit, dass wir das Steuer in die Hand nehmen. Bevor wir wie früher in eine Situation rutschen, in der wir Dinge tun, die wir eigentlich gar nicht wollen, sagen wir aktiv Nein. Das geschieht deutlich, damit unser Wille klar verständlich ist. Aber nicht verletzend.

Sorry aber es passt einfach nicht.

Wann sehen wir uns wieder

Du bist zweiunddreißig Jahre alt, hast du auch einmal daran gedacht zu heiraten?« Es war einer dieser Sonntage, an denen Sandra ihre Mutter besuchte und wieder diese ätzende Stimmung aufgekommen war – kaum dass der Kaffee eingegossen wurde. Es war im Grunde vorher schon klar, wie dieser Tag ausgehen würde, und Sandra verfluchte sich, dass sie nicht einfach Nein gesagt hatte. Aber ihre Mutter hatte die richtigen Knöpfe gedrückt, die einen Widerspruch im Keim erstickten. »Du hast ja keine Vorstellung, wie es ist, als Witwe allein zu leben«, hatte sie weinerlich am Telefon gesagt. »Ich quäle mich morgens aus dem Bett, muss den ganzen Haushalt hinter mich bringen, um dann abends völlig erschöpft vor dem Fernsehen einzuschlafen. Und meine Tochter schafft es nicht einmal, alle vier Wochen an einem Sonntag einige Stunden mit mir zu verbringen.« Während Sandra am Küchentisch saß, hatte ihre Mutter abrupt aufgehört zu klagen und zu weinen, ihr Taschentuch in die Schürzentasche gesteckt. Sie stand mit dem Rücken zu Sandra und rührte kräftig in einem hohen Topf, dass ihr ganzer Körper ruckelte. Sandra fand, dass ihre Mutter noch immer eine schöne Frau war, die allerdings – in Selbstmitleid gefangen – nichts aus sich machte. Ihre durchaus weibliche Figur versteckte sie in ältlichen Schürzen, ließ das erste Grau durch ihre Haare wachsen und legte niemals Schminke auf. Sie lachte nie, klagte umso mehr. Sandra sah wortlos auf den hölzernen Tisch vor sich und tastete mit den Fingern über die Furchen, die sie kannte, so lange sie denken konnte. Früher sammelten sich ihre eigenen Tränen darin, bis sie aufstehen durfte. Ganz gleich, was für ein Despot ihr Vater auch gewesen war, seit es ihn nicht mehr gab, bekam Sandra all die Wehklagen ihrer Mutter allein ab. Ihm war es immer gelungen, Mutter wieder auf den Boden der Tatsachen zurückzuholen.

Sandra schaute hoch. So wie ihre Mutter würde sie niemals im Leben werden wollen: eine Frau, die von einem herrischen Mann unterdrückt worden und allein nicht in der Lage war, den Tag zufrieden zu überstehen.

Im Grunde hatte Mutter in einem Punkt recht. Es war tatsächlich an der Zeit, über eine Beziehung nachzudenken. Die Zeiten hatten sich geändert und die Männer von heute waren nicht mehr die gleichen wie damals. Die Gleichberechtigung war eine Selbstverständlichkeit und warum sollte es ihr nicht gelingen, einen netten Mann kennenzulernen?

Wortlos hatten die Frauen zusammen gegessen, dann das Geschirr gespült und noch einen Kaffee genossen. Die Stunde des Aufbruchs war da und Mutter wurde wieder weinerlich.

Sie hatte auf dem Heimweg das Autoradio eingeschaltet und versank, während sie fuhr, in ihren Gedanken. Plötzlich war da dieser Schatten, der aus dem Nichts zu kommen schien, der nur unwirklich existierte, und den sie viel zu spät gesehen hatte. Sandra bremste mit kreischenden Reifen, ihr Körper ruckte grob nach vorn, dass der Gurt ihre Schulter rieb. Ihr Puls hämmerte durch ihre Halsschlagader. Sie sah auf, suchte durch die Windschutzscheibe hindurch den dämmerigen Bereich vor dem Auto ab. Sie hatte gebremst, weil sie eine Bewegung gesehen hatte. Jemand war von der Seite vor ihr Auto gelaufen. Aber es war nichts zu sehen. Der Motor lief, sie saß wie versteinert, sah immer wieder zu allen Seiten. Hatte sie in Gedanken eine Einbildung gehabt? Hatte das Gespräch mit ihrer Mutter einen tief in ihrem Inneren versteckten Wunsch nach einem Mann zum Leben erweckt, dass sie sich Schatten einbildete?

Noch immer rasten Atem und Herzschlag wild. In den Fußraum der Beifahrerseite war eine Zigarettenschachtel unter dem Sitz hervorgerutscht. Obwohl sie seit einem Jahr nicht mehr rauchte, wurde der Wunsch nach einer Zigarette in diesem Augenblick unbändig. Sie beugte sich vor, nahm die Schachtel und schüttelte sie. Es klapperte hart in der Schachtel, neben den Zigaretten befand sich auch noch ein Feuerzeug darin. Sie kam wieder aus dem Fußraum hervor, fasste nach dem Türgriff und erschrak abermals.

Dieses Mal hatte sie das Gefühl, das Herz würde ihr aus der Brust springen. Vor ihrem Auto stand ein Mann, stützte sich auf die Kühlerhaube und starrte ihr direkt in die Augen. Wo kam der her? War er der unwirkliche Schatten gewesen? Hatte sie ihn angefahren? Womöglich war er verletzt. Sandra blieb reglos. Der Mann ebenso. Langsam zog sie den Griff, die Tür schnappte auf. Sie stieg aus, ging auf den Mann zu. Er stemmte sich von der Motorhaube ab, stellte sich aufrecht und drehte sich zu ihr. »Können Sie nicht besser aufpassen? Sind Sie blind? Sie können doch hier nicht durchrasen, als wenn Sie allein auf der Welt sind.« Er kam nahe an Sandra heran, er war wütend.

Sandra fehlten die Worte, sie hatte tatsächlich einen Menschen übersehen und umgefahren. Augenscheinlich war er nicht nennenswert verletzt. Ein Stein fiel ihr vom Herzen. Doch die Art und Weise, wie der Kerl sich gab, machte sie wütend. »Ich würde sagen, Sie sollten besser hinsehen, wenn Sie auf die Fahrbahn gehen. Sie können doch nicht einfach in den fließenden Verkehr laufen.«

Der Mann war stehen geblieben. Er schien beeindruckt, ergriff aber dann wieder das Wort. Er deutet mit dem ausgestreckten Finger seiner rechten Hand an Sandra vorbei. »Ich schlage vor, dass wir da drüben bei dem Italiener etwas zusammen trinken. Von dort aus kann ich Ihnen besser den Zebrastreifen zeigen, auf dem wir gerade stehen.«

Erschrocken blickte Sandra nach unten. Tatsächlich ein Zebrastreifen. Dann sah sie den Mann wieder an und bemerkte nun, dass seine Hose zerrissen war und an seiner Jacke, den gesamten Ärmel entlang, der Schmutz der Straße hing. Dazu kam eine rötliche Blessur über dem linken Wangenknochen. Sie hatte das Gefühl, ihr Gesicht würde glühen.

»Ich bin sehr knapp in der Zeit«, log sie spontan. Aber hatte sie nicht eben noch daran gedacht, einen Mann in ihrem Leben zuzulassen? Nun hatte das Schicksal ihr ein recht ansehnliches Exemplar direkt auf der Kühlerhaube präsentiert und sie war wieder in die alten trainierten Reflexe verfallen. So wird das nie etwas, Sandra, sagte sie sich. Sie zog ihr Smartphone aus der Tasche, sah geschäftig auf das Display. »Also gut, für einen Cappuccino nehmen wir uns Zeit.« Sie steckte ihr Smartphone wieder in die Tasche, wollte Richtung Pizzeria losgehen. »Wollen Sie Ihr Auto hier stehen lassen, mitten auf dem Zebrastreifen?« Er streckte ihr die offene Hand entgegen. »Ich parke ihn für Sie ein.« Ohne Zögern gab sie ihm die Schlüssel. Der Kerl sah nicht nur unverschämt gut aus, er strahlte auch eine wohltuende Vertrauenswürdigkeit aus, die Sandra faszinierte.

In dem italienischen Restaurant waren Sandra und der schöne Mann beinahe die einzigen Gäste. Er war vorausgegangen, steuerte auf einen Tisch mit Blick auf die Straße zu. Routiniert zog er ihr den Stuhl hervor, schob ihn ihr zurecht, sehr aufmerksam, wie Sandra bemerkte, und setzte sich ihr gegenüber.

»Ich heiße Tim.« Beinahe brav anmutend reichte er ihr die Hand. »Sandra.«

Sie griff seine Hand, die er einen Augenblick zu lang behielt. Der Kellner kam, sie bestellten und dann begann der Verlauf zäh zu werden, wie Klebstoff. Tim – wie sich zeigte – war kein guter Unterhalter, wirkte plötzlich schüchtern. Oder zumindest ungeübt, was den Umgang mit Frauen anbelangte. Sandra bereute schnell, sich darauf eingelassen zu haben, aber sie hätte es nicht übers Herz gebracht, aufzustehen und zu gehen. Vielleicht – so hoffte sie – würde das Eis ja noch brechen und Tim auftauen. Dann könnte der Abend noch amüsant werden. Sie würde die Initiative übernehmen müssen, so viel war klar. Andererseits säßen die beiden möglicherweise bis nach dem Essen, ohne Worte zu wechseln und würden schließlich auseinandergehen wie ein altes Ehepaar, das sich auseinandergelebt hatte.

»Gleich um die Ecke hat ein neuer Klub aufgemacht. Ich habe schon viel Gutes darüber gehört.«

»Ich mag es nicht, in Klubs zu gehen.« Tims Antwort war sehr flott gekommen und genauso flott schwieg er auch wieder. Er drehte seine Spaghetti auf die Gabel, sah dabei nicht zu Sandra auf. Er aß schnell.

Minuten vergingen so, dann startete Sandra einen weiteren Versuch. »Ich würde gern einmal zu den Malediven reisen. Wenn ich Bilder in den Zeitungen sehen, gerate ich jedes Mal ins Träumen.« Sie behielt ihn dabei im Blick. Er sah noch immer nicht von seinem Teller auf, schöpfte eifrig mit dem Löffel die Soßenreste und zog den Löffel gründlich durch seine Lippen. Er schob den leeren Teller ein Stück von sich fort, sah auf ihren Teller, dann in ihre Augen. Sie schob ihm ihren Teller entgegen, »Wenn du magst …«

Als Tim auch Sandras Portion verdrückt hatte, wurde sein Blick zufriedener. Sein Mund bewegte sich albern, während er mit der Zunge die Reste aus seinen Zähnen sammelte. »Im nächsten Jahr habe ich eine Reise mit meiner Mutter geplant.« Er sah Sandra nun direkt an. »Nach Thüringen. Sie mag grelle Sonne nicht. Das soll ja auch gar nicht gesund sein. Und teuer sind solche Fernreisen ja auch. Ganz abgesehen von den Krankheiten, die man sich da einfangen kann.« Tim hatte nach dem Essen eine erstaunliche Redseligkeit entwickelt. Einerseits freute Sandra sich darüber. Andererseits kam es ihr vor, als würde alles, was sie sagte, von ihm negativ beantwortet werden. »Ist deine Mutter krank?«

»Wieso? Nein, es geht ihr gut.«

Es hatte keinen Sinn. Dieses Date, sofern man das so bezeichnen konnte, war ein reines Desaster. So zufällig und schön, wie es sich auch ergeben hatte, war es zu einer quälenden Tortur geworden, die Sandra keine Minute länger über sich ergehen lassen wollte. Sie sah ihn an. Er schien in Gedanken woanders zu sein, wirkte nervös. Schon immer war es Sandra schwergefallen, andere Menschen zu enttäuschen. Ihre eigenen Bedürfnisse in den Vordergrund zu stellen, bedeutete nun einmal, andere zu enttäuschen. Das lag in der Natur der Sache. Mein Gott, wenn sie nur daran dachte, wie oft sie Unverständnis und Hohn dafür kassiert hatte.

Der arme Tim wäre sicher maßlos enttäuscht gewesen, wenn sie nun gesagt hätte, dass sie absolut keine Lust mehr hatte, sich hier zu langweilen. Es schauderte sie bei dem Gedanken, dass sie mit einem Mann wie Tim weitere Dates verbringen oder sogar das Leben hätte miteinander teilen sollen. Ihr Gedanke an eine Partnerschaft war mit dem Kennenlernen von Tim wieder ein weites Stück in die Ferne gerückt.

»Ich muss morgen früh raus, Tim. Ich würde jetzt gern gehen.« Erschrocken sah Tim sie an. »Aber … es ist doch noch gar nicht so spät.« Er griff nach der Karte. »Wie wäre es mit einem Nachtisch.«

»Tim, ich muss wirklich …«

»Nur eine Kleinigkeit.« Er sah auf, suchte nach dem Kellner.

Sandra begriff, dass es nur einen Sinn haben würde, wenn sie deutlich würde. Ihre zögerlichen Bitten, gehen zu dürfen, konnte Tim augenscheinlich nicht umsetzen. Doch es war ihr allmählich unbehaglich, dass sie eine Wut aufkommen spürte.

»Es tut mir leid, Tim. Es passt einfach nicht mit uns.«

Stille breitete sich aus. Sie hatte ausgesprochen, was ihr auf der Zunge gelegen hatte und was sie vielleicht zu lange bei sich behalten hatte. Es war genug. Es würde nichts werden. Es schauderte sie, bei dem Gedanken an jede Minute, die sie nicht fortkam von diesem unmöglichen Treffen. Noch immer schwiegen beide, Tim sah sie reglos an.

»Ich habe mir das schon gedacht«, gab er dann traurig zurück.

»Dennoch viel Glück, Tim.« Er stand mit ihr auf und sah ihr noch nach, als sie das Restaurant schon verlassen hatte.

Konsequenz:

Es hätte so schön sein können. Der Zufall hatte Sandra einen hübschen Mann vor die Füße geworfen, der aber bei genauerem Hinsehen eine Fehlbesetzung für ihre Vorstellung vom Leben war. Wäre sie bei ihrer wohlwollenden Einstellung geblieben, hätte das schwerwiegende Konsequenzen für sie gehabt.

Obwohl Sandra sich schwer damit tut, Nein zu sagen, hat sie in diesem Fall gerade noch rechtzeitig begriffen, dass es so nicht weitergeht. Sie hat es zuerst vorsichtig versucht (*Ich muss morgen früh raus …*), doch das hat Tim nicht akzeptiert. Erst als sie direkt wurde (*Es tut mir leid, es passt einfach nicht mit uns …*), war sie entkommen. Einen kleinen Schockmoment lang war sie noch bei ihm geblieben, ist aber dann gegangen. Sie war direkt, kam so zum Ziel, hatte aber niemanden verletzt. Sie ist sich somit selbst treu geblieben.

Lösung:

Sagen Sie klar und deutlich Nein, ohne Ihr Gegenüber zu verletzen. So können Sie sich aus der Situation befreien und lassen ihm die Würde. Sie verhindern damit, dass er sich in unrealistische Wunschvorstellungen verrennt.

Tipp:

Ein höfliches aber deutliches Nein ist nicht verletzend. Ein brutales Nein hätte das Ganze vielleicht eher beendet. Aber dazu muss man geboren sein. Es ist auch nicht unbedingt sehr stilvoll, andere Menschen brutal vor den Kopf zu stoßen.

Schön, dass Sie mir das zutrauen,
aber ich liebe meine Frau mehr als Sie.

Sie sind der Geeignetste dafür

Jan, Sie haben eine große Zukunft vor sich.« Doktor Knorr stand auf, ging zu dem bodentiefen Fenster des riesigen Büros, drehte Jan den Rücken zu. Er legte die Hände hinter sich zusammen, sah sinnierend aus dem zweiundzwanzigsten Stock. Jan schluckte, wagte nicht, etwas zu sagen. Er schielte auf die Uhr, die Zeit drängte. Er war mit seiner Arbeit gut vorangekommen, sodass es ein pünktlicher Feierabend werden konnte. Alles hatte so ausgesehen, als würde er wie geplant den bestellten Blumenstrauß abholen können. Er wäre gern vor Kendra zu Hause gewesen, hätte den Tisch gedeckt und auf seine Frau gewartet. Dieser Abend sollte das wundervolle erste Jahr als Ehepaar würdig besiegeln.

Wieder sah er auf die Uhr, dann zu Doktor Knorr, der unangenehm lange Zeit ohne Worte vergehen ließ. Seine Stirn wurde feucht.

Abrupt wandte sich Doktor Knorr um, kam auf Jan zu, setzte sich neben ihn. »Wissen Sie, Jan, als ich meine Karriere begann, habe ich mich mit viel, viel Fleiß hochgearbeitet.« Er sah Jan väterlich an. »Sie müssen immer ein wenig mehr tun als andere, immer etwas schneller sein, immer etwas fleißiger. Dann wird man auf Sie aufmerksam werden.« Wieder ließ er einen Moment ruhig vergehen, behielt Jan dabei im Blick. »Ich setze mein Vertrauen in Sie, Jan. Sie werden mich nicht enttäuschen, Sie sind genau der richtige Mann, eine Präsentation zu erarbeiten, die wir für das Meeting brauchen. Inspirierend, temporeich, begeisternd.« Der Geschäftsführer sah seinen jungen Mitarbeiter erwartungsvoll an.

Unbehaglich blieb Jan steif sitzen, überlegte rasend, wie er reagieren könnte. Was für ein Dilemma! Der Geschäftsführer hatte eine Bitte an ihn gerichtet, daheim wartete die Vorbereitung zur Feier des ersten Hochzeitstages. Er hatte schon einen gewissen Ehrgeiz, einmal weiter zu kommen, und sein Chef hatte sich einige Male wohlwollend dazu geäußert. Er wusste, dass er auch die Fähigkeiten dazu besaß. Spielte Doktor Knorr jetzt mit seinem Ehrgeiz? Wollte dieser gerissene Mann ihn am Ende als Notnagel benutzen? Wie dem auch sei, Jans Priorität für diesen Tag waren ganz klar seine Frau und der erste Hochzeitstag. Die Frage war nur, wie er aus dieser Situation herauskommen konnte, ohne Porzellan zu zerschlagen. Wie konnte er seinem Chef Nein sagen? Die Sekunden vergingen und Jan hatte das Gefühl, sein Gesicht würde tomatenrot glühen. So oder so würde er eine wichtige Person in seinem Leben enttäuschen. Ganz gleich, wem er zusagen würde, die andere Person wäre ihm gram.

In sekundenkurzen Fetzen flackerten Erinnerungen vor seinem inneren Auge auf. Wie in einem Film sah er seinen Vater vor sich, der gestorben war, noch bevor er seinen Ruhestand zusammen mit seiner Frau genießen konnte. Jan schluckte.

»Danke, Herr Doktor Knorr, dass Sie in dieser Sache an mich gedacht haben. Ich fühle mich dadurch sehr geehrt, aber leider kann ich nicht.« Jan erhob sich, reichte dem sprachlosen Geschäftsführer entschlossen die Hand. »Heute ist mein erster Hochzeitstag. Das ist mir sehr wichtig und ich bin schon recht knapp in der Zeit. Guten Abend, Herr Doktor Knorr.«

Konsequenz:

Das war sehr mutig von Jan. Aber jede andere Lösung hätte ihn unglücklich gemacht. Zweifelsfrei wird er von Doktor Knorr in nächster Zeit nicht gelobt werden. Wahrscheinlich jedoch hat er damit nichts verloren, denn dass er ausgenutzt würde, war wahrscheinlich. Wenn es Doktor Knorr mit seinen Andeutungen ernst gemeint hat, dann wird dieses Nein Jans Erfolg nicht im Wege stehen.

»Ich hätte öfter Nein sagen sollen …« Das waren die letzten Worte, die Jans Vater nach dem Herzinfarkt gesagt hatte. Wunderbarerweise sind sie ihm in letzter Sekunde wieder in den Sinn gekommen. Hätte Jan dem momentanen Druck der Situation nachgegeben und die Zusatzaufgabe angenommen, wäre er an diesem wichtigen Tag nicht wie verabredet zu seiner Frau gekommen. Das wäre für ihn ein erster Schritt gewesen auf einem Weg, den er niemals gehen wollte.

Lösung:

Jan hatte sich geschworen, auf sich zu achten und für seine Frau da zu sein. Und für seine Kinder, die bald geboren würden und die lange Jahre etwas von ihrem Vater haben sollten.

Tipp:

Wägen Sie ab, was Ihnen wichtig ist. Einiges kann man vorher für sich entscheiden. Was will ich? Möchte ich Karriere machen? Was will ich dafür geben? Möchte ich lieber leben?

Egal ob Kind, Hund, Mann oder Chef,
Seien Sie präzise, das duldet keinen Widerspruch.

5. Phase. Das Konkret-Nein

Wir haben uns zur Phase 5 vorangearbeitet. Nun sind wir bereit, ganz konkret Nein zu sagen. Wir haben in verschiedenen Situationen geübt, bis wir so weit sind. Wir fühlen uns sicher, trauen uns das zu … Nein? Macht nichts, gehen Sie einfach so weit in den Kapiteln zurück, wie Sie sich wohlfühlen, und kehren Sie erst dann noch einmal hierher zurück. Wir wollen keine Zeitrekorde brechen, wir wollen gründlich und sorgfältig üben und uns vorbereiten. Es würde wenig Sinn ergeben, wenn wir zu früh mit zu schwierigen Übungen umgehen und deshalb scheitern. Nein, so ungeduldig sind wir nicht.

»Du müsstest bitte noch ganz dringend…«

Erledigst du das bitte schnell?

Ausgerechnet heute!« Leah Wendt stemmte sich mit beiden Händen auf den Rand des Waschbeckens, ließ den Kopf hängen. Erschöpft hob sie den Blick und erschrak über ihr eigenes Spiegelbild. Ihre Haut war fahl geworden, ihre Haare hatten lange keinen Friseur gesehen und ihr Blick war trüb und leer. »Du siehst nicht aus wie zweiunddreißig, du siehst älter aus als deine Mutter.« Obwohl niemand außer ihr da war, blickte sie sich prüfend um. Es wäre ihr irrsinnig peinlich gewesen, wenn eine Kollegin sie bei ihren jammernden Selbstgesprächen gesehen hätte. Ihre Gedanken rasten, aber sie fand einfach keine Lösung. Rebecca Wuesthaus, ihre Chefin, wartete auf die Antwort. Leah hatte sich kurz entschuldigt, war zur Toilette gegangen, um Zeit zu schinden. Eine Stunde vor Feierabend war Rebecca eingefallen, dass unbedingt noch eine unaufschiebbar dringende Arbeit erledigt werden musste. Am ärgerlichsten daran war für Leah, dass Rebecca mit einer rücksichtslosen Selbstverständlichkeit den Stapel auf Leahs Schreibtisch geworfen hatte. Im Vorbeigehen. Respektlos. Leahs Ärger steigerte sich. ›Was denkt sich Rebecca eigentlich, bin ich hier das dumme Schaf?‹ Sie war überhaupt nicht auf die Idee gekommen, jemand anderen zu fragen, selbstverständlich ist auch diese Sonderaufgabe wieder ein

Fall für Leah! Schon gar nicht hatte sie danach gefragt, ob Leah dazu Zeit hatte.

Leah war aufgesprungen, hatte Rebecca angestarrt und kein Wort heraus bekommen. Dabei hatte ihr der Protest regelrecht auf den Lippen gelegen: ›Ich habe auch noch ein Privatleben, liebe Rebecca. Und heute ist der einzige Tag, an dem meine Mutter zu dem nächsten Nachsorgetermin gehen kann. Weißt du überhaupt, was es bedeutet, eine schwerkranke Mutter zu pflegen? Weißt du, wie schwer es ist, solche Termine in Krankenhäusern zu bekommen? Meinst du, wegen irgendwelcher Schreibarbeiten kann ein Nachsorgetermin ausfallen?‹ Doch ein Blick von Rebecca hatte genügt und alles, was sie hätte sagen wollen, blieb ihr im Halse stecken. Was, so kam ihr sofort der Gedanke, was, wenn Rebecca mit mir sauer ist? Und sie kann verdammt unangenehm werden, das hatte Leah mehr als einmal gesehen. Auf keinen Fall wollte sie sich Rebeccas Unmut zuziehen. Der Job an sich machte ihr Spaß, die Kollegen waren in Ordnung und der Verdienst stimmte. Die Medikamentenzuzahlungen, die Taxifahrten für Mutter und noch einige andere Annehmlichkeiten konnte sie sich bequem leisten. Vielleicht war all das der Grund, dass sie noch nie widersprochen hatte und alles klaglos erledigte. Vielleicht aber auch hatte ihre Mutlosigkeit viel weiter zurückliegende Ursachen.

Noch immer starrte Leah in den Spiegel und zum ersten Mal in ihrem Leben wurde ihr klar, dass sie allein die Ursache dafür war, dass ihre Mitmenschen sie als williges Werkzeug benutzten. »Leah Wendt, du hast einfach keinen Mumm. Du lässt dich mit nur einem bösen Blick manipulieren, das zu tun, was andere wollen.« Sie stellte das

Wasser an, nahm zwei Hände voll und tauchte ihr Gesicht darin. Sie riss Papiertücher aus der Box, trocknete sich Gesicht und Hände und strich ihre Haare glatt. Dann stellte sie sich aufrecht, atmete ein und sah sich noch einmal im Spiegel an. »Du gehst jetzt da rein und stellst das klar.« Sie nickte sich energisch zu, dann ging sie los.

Rebecca hatte mit dem Hinterteil auf Leahs Schreibtisch gesessen, schaute ungeduldig auf ihre Armbanduhr. Als Leah zurückkam, erhob sich Rebecca mit genervter Miene, holte Luft, wollte etwas sagen. Sofort ergriff Leah das Wort. »Rebecca, ich fange damit an.« Sie ging zu ihrem Stuhl, setzte sich ruhig hin und schob Rebecca eine Liste hin. Sie tippte mit dem Finger auf die Liste, sah Rebecca dabei in die Augen. »Das sind meine Prioritäten. Ich verschiebe sie und fange mit deiner Sache an. Pünktlich um siebzehn Uhr werde ich heute gehen. Was ich bis dahin nicht schaffe, werde ich morgen erledigen.«

Leah hielt den Blick einen Moment, zog dann den Stapel von Rebecca zu sich, begann darin zu lesen.

»Leah, du erstaunst mich immer wieder.« Rebecca hatte einen spürbaren Augenblick wortlos heruntergeschaut. »Dass du einen super Job machst, hast du mir ja schon oft bewiesen. Aber dass du auch Durchsetzungskraft besitzt, ist mir neu.« Sichtlich erstaunt rang Rebecca nach Worten. »Du hast guten Willen gezeigt und hast augenscheinlich eine gute Übersicht über deine Arbeit. Das gefällt mir. Klar kannst du den Rest auch morgen noch machen.« Sie ging langsam fort, blieb nach einigen Schritten stehen und drehte sich noch einmal um. Schweigend sah sie zu Leah. Dann ging sie weiter.

Leah nahm ihre Prioritätenliste vor sich, notierte: *Heute ein paar deutliche Worte mit Mutti reden!*

Konsequenz:

Ob im Beruf, zu Hause oder bei Freunden, Leah Wendt ist schon immer diejenige gewesen, der man im Vorbeigehen noch schnell etwas aufbürdet.

Lösung:

Gezwungenermaßen ist Leah an diesem Tag über ihren Schatten gesprungen. Sie hat ihre unumstößliche Grenze klargestellt und sich damit in ein neues Licht gesetzt. Sie hat sich Respekt verschafft.

Tipp:

Nicht nur für ein Gespräch mit dem Vorgesetzten ist es äußerst nützlich. Auch für die eigene Planung hilft eine persönliche Roadmap. Schreiben Sie dazu jeden Abend eine [1]Liste, was Sie morgen zu erledigen haben. Aktualisieren Sie diese Liste permanent.

1) Gute und einfache Werkzeuge für To-do-Listen sind u. a. Kalendereinträge oder Notizen in Google. Noch besser sind OneNote- oder Evernote-Notizen. Cloudbasierte Notizen haben Sie überall und jederzeit parat. Das verschafft ein ruhiges Gefühl und erspart Sucherei nach Zetteln.

Wer eine Not erblickt und wartet,
bis er um Hilfe gebeten wird,
ist ebenso schlecht,
als ob er sie verweigert hätte.
Dante Alighieri

Ihre Not darf größer sein.

Die Notsituation

Wir befinden uns wieder in der Anfangsgeschichte. Ihre Freundin Laura hat Ihnen wieder einmal die sechsjährige Tochter Lisa über Nacht aufgedrängt. Sie haben wieder einmal zugesagt, obwohl es Ihnen absolut nicht recht war. Laura ist hartnäckig und hat Ihre Anstrengungen immer wieder zunichtegemacht, so auch dieses Mal. Sie ist schon eine wirklich sehr erfahrene Zeitdiebin.

Wie gehen wir damit um, wenn keine der Theorien hilft, die wir bis hierhin gelesen haben? Was tun wir, wenn wir dennoch wieder übertölpelt werden? Eine Notsituation zum Beispiel. Können wir da einfach Nein sagen?

Genau diesen Fall spielen wir nun durch. Wir nehmen dazu wieder unsere penetrante Lieblings-Freundin als Protagonistin.

Sie wollten sich an diesem Abend eigentlich noch auf den Folgetag vorbereiten. Ein wichtiger Tag für Sie, der über Ihre Zukunft entscheidet. Es geht darum, wer den besseren Vortrag hält, wer das schlüssigere Konzept hat. Die Geschäftsleitung wird direkt im Anschluss entscheiden, wer

Teamleiter wird. Im Grunde gelten Sie als Favoritin, denn Ihr ärgster Konkurrent Mike ist Ihnen zwar immer wieder überlegen, was Schlagfertigkeit anbelangt und Selbstvermarktung. Morgen wird es aber um Inhalte gehen und nicht um Sprüche und Frechheiten. Und das wiederum ist Ihre haushohe Stärke Mike gegenüber. Aus der Geschäftsleitung sind schon wohlwollende Worte zu Ihnen vorgedrungen, dennoch wird morgen dieser Wettstreit stattfinden, den Sie irgendwie überstehen müssen. »Bleiben Sie einfach Sie selbst, tragen Sie Ihre Strategie vor, dann wird schon alles gut gehen. Ein Tipp noch: Seien Sie morgen nicht so nervös und unsicher wie sonst immer.«

Ein toller Rat Ihres Chefs, den er Ihnen augenzwinkernd zugetragen hatte. Als wenn Sie das nicht allein wüssten. Genau in diese Schwachstelle hatte doch Mike immer hineingestochen, hatte keine Gelegenheit ausgelassen, sie zu übertölpeln oder dumm dastehen zu lassen. Wo es an Inhalten bei ihm gefehlt hatte, übertrumpfte er mit Dreistigkeit. Augenscheinlich hat die Geschäftsführung das endlich erkannt und Sie als Teamleiterin im Blick. Ihr Vortrag und der Vortrag von Mike sind also morgen nur noch eine Formalie, die Sie absolvieren werden. Das steht für Sie fest.

Trotz aller Nervosität sind Sie an diesem Abend erstaunlich konzentriert und haben seit langer Zeit einmal wieder Freude an sich selbst. Der Gedanke, bald eine Beförderung zu bekommen, erzeugt eine regelrechte Euphorie in Ihnen. Sie singen, während Sie alles für den nächsten Tag vorbereiten, tanzen zur Musik. Vor einem Spiegel bleiben Sie stehen, Sie können nicht anders als zu lächeln. Die Kleidung für morgen liegt bereit, die Tasche ist gepackt.

Alles, was Sie tun können, haben Sie erledigt. Sie gießen sich ein Glas Tee ein, setzen sich vor den Computer, um alles noch einmal durchzugehen. Zu jeder Seite der Präsentation müssen Sie noch Ihre Moderatoren-Karten drucken, die Sie während des Vortrages vor sich haben werden. Ihre Stichpunkte, mit denen Sie überzeugen werden. Eine Kleinigkeit. Sie liegen gut in der Zeit.

Es klingelt.

Wer soll das sein? Sie überlegen kurz, nein, sie haben heute keine Verabredung. Womöglich ist es ja ein Notfall. Ein Nachbar hat sich vielleicht ausgesperrt und möchte telefonieren. Sie gehen zur Tür, sehen durch den Türspion. Laura! Ihre beste Freundin. Nervös, die kleine Lisa neben sich an der Hand. Es klingelt wieder. Sie wird wieder ein Date haben. Wieder der Mann fürs Leben und Lisa soll bei Ihnen abgeladen werden. Heute geht es nicht – denken Sie und blicken zu Ihrem Computer herüber. Die Moderatoren-Karten sind noch nicht ausgedruckt, und wenn Lisa erst einmal in der Wohnung ist, wird daran auch nicht mehr zu denken sein. Dieser kleine Wirbelwind hat seit einiger Zeit schon seine eigene Schublade mit Spielzeug in Ihrem Wohnzimmerschrank. Süß ist sie ja. Sie wird ungebremst darauf zustürmen, alle Lieblingsspiele herausholen, sie auf dem Tisch ausbreiten und mit dem Spiel zu zweit beginnen. Also wär's das mit den Moderatoren-Karten. Denn wenn Lisa nachher die Zähne geputzt hätte und bettfertig wäre, würde sie in einem fremden Bett nicht allein schlafen können. Nein! Sie denken einmal in Ihrem Leben: Nein! Wieder blicken Sie durch den Türspion. Laura wippt nervös auf den Zehenspitzen, sieht auf ihr Smartphone, klingelt abermals. Wenn Sie tatsächlich Nein sagen, wird Laura enttäuscht sein. Vielleicht ist sie sogar gekränkt, weil sie sich im Stich gelassen fühlt. Sie finden Lauras Dates peinlich und oberflächlich. Aber für sie sind sie eben sehr wichtig. Dennoch ist Laura Ihre einzige Freundin, wie Ihnen bewusst wird. Zudem ist sie die einzige Abwechslung von Ihrem Alltag zwischen Arbeit und … ja was eigentlich? Sie wollen weder diese Freundschaft riskieren noch eine schlechte Stimmung hineinbringen. Die Sache mit dem Vortrag ist eine Ihrer Stärken, Sie sind sich sicher, das irgendwie hinzukriegen. Auch wenn Sie sich jetzt nicht wie geplant vorbereiten. Sie öffnen die Tür, Laura ist verschwunden, kaum dass die kleine Lisa sich in Ihrer Wohnung befindet. Und ehe Sie sich versehen, liegen Sie um einundzwanzig Uhr neben der Kleinen im Bett und lesen Gute-Nacht-Geschichten vor. Bis Sie selbst einschlafen. Ohne Moderatoren-Karten.

Der nächste Tag beginnt erstaunlich entspannt. Sie sind rechtzeitig aufgestanden, Ihre Tasche haben Sie ja am Vortag schon gepackt, das Frühstück mit Lisa klappt reibungslos. Sie kommen sogar fünf Minuten früher als geplant aus dem Haus, besteigen das Auto und fahren los. Nach zwei Kilometern befindet sich auf dem Weg eine neue Baustelle, die gestern noch nicht da war. Der Verkehr stockt, es kommt zum Stau. Ihre bis dahin vorhandene Ruhe beginnt zu wanken. Es geht nicht weiter, Lisa quengelt im hinteren Teil des Autos, schließlich behauptet sie, dass sie Pipi muss. Wahrscheinlich ist ihr nur langweilig. Sie spüren ihren Puls hämmern, denn Sie ahnen, dass Sie zum Meeting nicht pünktlich im Büro sein werden. Und das auch noch ohne die Moderatoren-Karten. Natürlich wird Mike das wieder für sich nutzen und sich in den Vordergrund

schieben. Ihre tagelange Arbeit werden Sie nicht optimal vortragen können. Vielleicht auch gar nicht, denn der Stau bewegt sich noch immer nicht. Ihre Finger tippeln auf dem Lenkrad, Sie schauen immer wieder auf die Uhr, machen das Radio etwas lauter, um das Gequengel zu übertönen. Sie verfluchen sich, dass Sie sich wieder einmal haben überreden lassen. Was war eigentlich mit Laura, noch immer hat sie sich nicht gemeldet. Wenigstens hätte sie mitteilen können, dass sie den Mann ihrer Träume endlich gefunden hat, damit diese Sache sich in irgendeiner Weise gelohnt hat.
»Ich will zu Mama.« Lisa wird im Fond ungemütlich.

»Es geht weiter, Lisa, schau. Wir sind gleich im Hort, da warten die Kinder auf dich.«

»Ich will nicht in den Hort. Ich will zu Mama.«

Ihr Puls rast noch schneller, auch wenn Sie wollten, nun könnten Sie nicht mehr anhalten. Wie die Glieder einer langen Eisenkette fährt ein Auto nach dem anderen an. Viel zu langsam, nach Ihrer Meinung. Es ist doch zu sehen, dass es weitergeht, warum fährt nicht einfach jeder vor Ihnen etwas zeitiger an, dann würde es schneller vorangehen. Der Fahrer hinter Ihnen fährt so dicht auf, dass Sie am liebsten eine Vollbremsung machen würden. Er schert immer wieder auf die Gegenfahrbahn aus und zurück, die entgegen kommenden Autos hupen. Laura heult inzwischen lautstark, das Handy klingelt, Sie sehen Mikes Nummer im Display.

Konsequenz:

Es war vorherzusehen, dass Sie an diesem Tag auf keinen Fall die kleine Lisa hätten nehmen sollen. Sonst gern, aber eben keinesfalls an diesem Abend vor einem so wichtigen

Tag. Es stand einfach zu viel auf dem Spiel und der schlimmste Fall ist dann tatsächlich eingetreten. Es wird nun Konsequenzen haben, Sie haben wieder einmal Ihre eigenen Belange in den Hintergrund gestellt.

Wenn ich Nein sage, ist Laura verärgert. Vielleicht verliere ich sie als Freundin.

Sie haben Ja gesagt, anstatt Nein. Laura bleibt Ihre Freundin. Und wird schon bald wieder einen Teil Ihres Lebens für sich beanspruchen.

Lassen Sie es nicht mehr so weit kommen, sagen Sie Nein!

Lösung:

Wenn es sich tatsächlich um eine Notsituation handelt, sollten Sie auch helfen. Aber Laura befand sich in keiner Notsituation. Sie hat diese Trumpfkarte nur wiederholt gezogen, weil sie damit bei Ihnen am schnellsten ihren Willen durchsetzen konnte. Lassen Sie es nicht so weit kommen.

Das ist der richtige Weg:

- Analysieren Sie genau, ob es sich tatsächlich um eine Notsituation handelt. Wenn ja, entscheiden Sie, wägen Sie ab, welchen Preis Sie für Ihre Hilfe zahlen und ob Sie dazu bereit sind.

- Handelt es sich nur um ein vorgeschobenes Argument, sagen Sie ab! Sagen Sie rigoros ab: Es tut mir leid, Laura, heute geht es beim besten Willen nicht. Ich habe morgen einen entscheidend wichtigen Tag vor mir und kann heute definitiv nicht einspringen.

• Laura wird mit Sicherheit verblüfft sein aber dann insistieren. Sie ist es nicht gewohnt, dass Sie nicht zur Verfügung stehen, sie wird nachsetzen: »Aber du weißt doch, wie wichtig mir dieses Date ist und wo soll ich denn so kurzfristig jemanden für Lisa finden?« Vielleicht versucht sie, einen Schritt nach vorn zu machen, um damit Nachdruck auszuüben. Sie rechnet fest damit, dass Sie nun endlich zusagen. Das war schließlich immer so!

• Bleiben Sie in der Tür stehen, behalten Sie die Tür in der Hand, so eng, dass niemand durchschlüpfen kann: »Ich verstehe, dass du mich überreden willst. Heute Abend jedoch ist es ausgeschlossen, Laura.« Halten Sie Blickkontakt. »Es tut mir leid, ich bin wirklich arg in Eile, muss noch arbeiten. Wir telefonieren morgen.« Sie schließen die Tür.

Tipp:

Zu hart?

Kein Problem. Vielleicht ist es noch zu früh für diese Stufe der Konfrontation. Gehen Sie einfach in den Kapiteln so weit zurück, wie es Ihnen gelingt, diese umzusetzen. Wir wollen keine Zeitrekorde brechen. Es zählt nur, dass Sie sich dabei Stück für Stück besser fühlen und Ihre Bedürfnisse umsetzen. Es darf keinesfalls so weit kommen, dass Sie derartige Nachteile hinnehmen, weil Sie nicht Nein sagen können.

Nein für Hartnäckige

In einigen Fällen werden hartnäckige Zeitgenossen unser Nein nicht ohne weiteres akzeptieren (wie das vorherige Beispiel gezeigt hat). Routiniert werden sie nachsetzen, Enttäuschung zeigen, Druck ausüben oder auf andere Art und Weise versuchen, ihr Ziel zu erreichen. Nicht vergessen: Ihre Zeitdiebe sind unter anderem auch sehr gute Schauspieler. Es wird noch einige Übung erfordern, bis Sie Ihren Stempel des Ja-Sagers losgeworden sind.

Hier noch einige Beispiele, wie man auch den Hartnäckigen entgegentreten kann:

»**Oh, ansonsten jederzeit gerne,** …

… nur jetzt besprechen wir gerade etwas Persönliches.«

… nur heute ist es (aus persönlichen Gründen) ausgeschlossen.«

»**Dass Sie in dieser Lage sind, tut mir sehr leid** – aber ich kann Ihnen leider heute trotzdem nicht helfen.«

»**Ihr Team steht da wirklich stark unter Druck**. Leider ist es trotzdem nicht möglich, dass ich das für Sie erledige.«

»**Ich fühle mich geehrt**, dass Sie da an mich denken, aber mein Terminkalender ist leider komplett voll.«

»**Das ist ein wundervolles Kompliment**, dass Sie mir das zutrauen, aber ich kann leider nicht.«

»**Sie möchten mich jetzt offenbar mit allen Mitteln dazu bringen**, dass ich Ja sage – tut mir wirklich leid, aber das zieht dieses Mal nicht.«

»**Ihnen scheint es sehr wichtig zu sein, mich umzustimmen**. Aber leider kann ich nur noch einmal wiederholen, dass es heute nicht geht.«

Sagen Sie »Ich bin ein Pfannkuchen«
und Sie werden gefressen.

Innere Einstellung

So wie wir das Nein-Sagen trainiert haben, kommen wir nicht umhin, auch unsere innere Einstellung festzulegen. Auch das wird Zeit und Mühe erfordern, aber bleiben Sie dabei: Lassen Sie sich von Rückschlägen nicht beirren, stehen Sie auf und laufen weiter. Nehmen Sie sich immer wieder Übungen aus diesem Buch vor, die Sie trainieren. Dann werden Sie mehr und mehr Erfolge verbuchen, werden spüren, dass Sie immer sicherer mit den erlernten Werkzeugen umgehen können. Und schließlich werden die Versuche, Sie zu benutzen und zu manipulieren immer weniger werden.

Ihr Umfeld wird gelernt haben, dass Sie fester im Leben stehen. Es wird mehr und mehr unbequemer, Sie auszunutzen. Sie werden nicht mehr diejenige sein, bei der man mal eben allen Ballast abladen kann. Auf Ihrer Stirn wird dann stehen: *Aufgepasst – ich bin ein sehr netter Mensch, aber kein Idiot!*

Und Sie werden künftig Ihr Umfeld einbeziehen und fordern, indem Sie nun Ihrerseits Gefallen abfordern. Auch das ist ein wichtiger Teil des Projekts ›Nein-sagen-aber-Richtig‹. Das Leben wird dann nicht mehr die Einbahnstraße sein, auf der Sie den Waggon der Gefälligkeiten in die eine Richtung schieben. Ihr Umfeld wird Ihnen den einen oder anderen Gefallen tun. Weil Sie es einfordern. Der rote Faden dieses Ratgebers bleibt auch hier bestehen: Wir führen auch künftig keinen Krieg mit unserem Umfeld.

Im Gegenteil. Damit die nahe stehenden Menschen sich mit Ihnen wohlfühlen, müssen Sie denen auch Gelegenheit geben, Ihnen etwas Gutes zu tun. Wahrscheinlich ist dieser Gedanke Ihnen noch nie gekommen. Dabei ist es doch so naheliegend: Gehen Sie selbst nicht darin auf, anderen zu helfen? Fühlt es sich nicht schön an, etwas Gutes getan zu haben? Wenn es sich auch widersprüchlich anhört, aber selbst der größte Egoist empfindet es als normal, Ihnen auch einmal einen Gefallen zu tun, oder möchte sich darin suhlen, der Held zu sein. Weil es eben normal ist, dass eine Straße in zwei Richtungen führt. Und dem sollten wir uns nicht mehr entgegenstellen.

Auf dem Weg dahin können wir uns einige Sätze einprägen, die wir dann ohne Ausreden klar und deutlich, spontan entgegnen können:

- Das möchte ich nicht.

- Dazu habe ich keine Lust.

- Ich kann das nicht.

- Das geht nicht.

Vergessen Sie nicht:

Sie allein bewirken, wie man mit Ihnen umgeht, und Sie allein können etwas ändern. Die Welt um Sie herum wird sich nicht für Sie ändern.

Wenn Sie Ja sagen, bedeutet das nicht, dass Sie automatisch mehr gemocht werden. Das Gegenteil ist wahrscheinlich der Fall, denn Sie und Ihre Bedürfnisse werden nur durch eine klare Positionierung überhaupt erst wahrgenommen.

- Sie haben das Recht Nein zu sagen.

- Wenn Sie Nein sagen, werden Sie Respekt ernten.

- Wer enttäuscht von Ihrem Nein ist, hat oftmals zu hohe Erwartungen an Sie gestellt. Er ist selbst schuld, wenn er dann enttäuscht ist. Er hat das Recht, enttäuscht zu sein. Sie haben das Recht, glücklich zu sein.

Laufen Sie nicht vor dem schlimmsten Fall davon. Haben Sie keine Angst, sich Konsequenzen einzugestehen. Reden Sie sich nichts schön. Umgekehrt ist es richtig, beschreiben Sie den Worst Case: Sehen Sie die eventuelle Unzufriedenheit Ihres Gegenübers oder andere mögliche Konsequenzen voraus. Malen Sie sich den schlimmsten Streit vor Augen. Was ist das Schlimmste, was passieren kann? Die unvermeidliche Wirklichkeit ist dann halb so schlimm, weil Sie darauf gefasst sind.

Erhöht der Bittsteller seinen Druck, will er nur seinen Willen durchsetzen. Ihre Zufriedenheit ist ihm nicht so wichtig. Erlauben Sie ihm das und erlauben Sie sich selbst, bei Ihrer Meinung zu bleiben.

Ihre Bedürfnisse sind genauso wichtig wie die der anderen.

Seien Sie kein Pfannkuchen!

Körperhaltung

Die Körpersprache ist ein umfassendes Gebiet, das in einem separaten Ratgeber behandelt werden muss. Es lohnt sich und ist sehr empfehlenswert, sich dieses Thema genauer anzusehen, denn die Körpersprache wirkt, ohne dass wir uns dagegen wehren können. Ganz sicher haben Sie unterschiedliche ›Schwingungen‹ bei verschiedenen Menschen gespürt, noch bevor diese ein einziges Wort von sich gegeben haben. Beobachten Sie, wie der Einzelne auf Sie wirkt, und lernen Sie daraus – wie der Oktopus.

Trainieren Sie nach und nach Folgendes:

- Sehen Sie Ihrem Gesprächspartner in die Augen.

- Behalten Sie eine feste Stimme.

- Formulieren Sie konkret und deutlich, nicht im Konjunktiv und vage.

- Eine abwehrende Geste mit der Hand verstärkt Ihre Ablehnung.

- Verschränkte Arme zeigen, dass Sie reserviert bis ablehnend sind.

- Schütteln Sie den Kopf, unterstützen Sie Ihr Nein.

Üben Sie die unterschiedlichen Gesten vor dem Spiegel. Eine aufrechte Körperhaltung signalisiert Ihre Beharrlichkeit. Ihr Blick sollte fest, aber nicht verkniffen sein. Ein angedeutetes Lächeln (nicht Grinsen) lockert Sie innerlich und signalisiert Souveränität. Schauen Sie sich auf Fotos und Filmaufnahmen Ihre Ausstrahlung an, so können Sie Ihre Wirkung verbessern. Vielleicht haben Sie Gesprächspartner Ihres Vertrauens, die Ihnen Feedback geben.

Nur entspannt sehen Sie die Wahrheit.

Entspannung ist die Grundlage

Sie haben nun anhand einer Reihe von Fallbeispielen Situationen gezeigt bekommen, die Ihnen so oder so ähnlich passieren können. Nehmen Sie sich diesen Ratgeber immer wieder einmal zur Hand und lesen Sie nach. Vergleichen Sie mit erlebten Momenten und verbessern Sie Ihre Fähigkeit, Nein zu sagen. Es ist ein lebenslanger Prozess, in dem wir Menschen uns entwickeln. Ein Jeder von uns. Daher bleiben Sie geduldig mit sich und mit dem Leben. Erlauben Sie sich Rückschläge und lieben Sie sich wie andere.

Eine Sache, die ich Ihnen noch ans Herz lege, ist die Entspannung. Dies ist ein sehr wichtiges Thema, das für alle Problembereiche eine hilfreiche Unterstützung darstellt. Auch zu diesem Thema sollten Sie Ihr Wissen vertiefen.

Selbst wenn Sie an manchen Tagen an die Decke gehen könnten und meinen, keine Zeit dafür zu haben. Spätestens in solchen Augenblicken sollten Sie die kleine Notbremse ziehen und mit kleinen Übungen wieder etwas Ruhe in Ihr Leben bringen. Denn wenn Sie entspannen können, können Sie regenerieren. Und dann wiederum schöpfen Sie neue Kraft für neue Tage. Entspannt sehen Sie die Wahrheit der

Ursachen und der Lösungen. Verspannt hingegen, gehen Sie in falsche Richtungen, kommen nicht ans Ziel.

Hier einige Übungen, die einfach umzusetzen und in alltäglichen Situationen anwendbar sind. Bitte beschäftigen Sie sich eingehender mit dem Thema Entspannung. Eine Möglichkeit ist mein Ratgeber »Entspannen – Aber richtig – Für Anfänger«. https://amzn.to/31RmN4R

Das Gedränge

Auf dem Heimweg von der Arbeit ist wieder einmal ein Bus ausgefallen und nun stehen Sie in einem völlig überfüllten Wagen, dicht an dicht mit lauten, schwitzenden Menschen. Obwohl Sie schon zu Hause sein wollten, fährt das überhitzte Gefährt erst los. Sie haben das Gefühl, die Menschen kommen immer näher, die Luft ist derart stickig, dass Sie deutlich Ihre Unruhe spüren. Ihr Vorhaben, auf der Heimfahrt mit dem Abschalten zu beginnen, beginnt zu bröckeln.

Lösung:

Schließen Sie die Augen, denken Sie an positive Dinge: Sie müssen nicht allein durch den dichten Verkehr fahren. Das macht der Fahrer für Sie.

Denken Sie an eines Ihrer Lieblingsbilder: Der See, an dem Sie letztes Wochenende waren, die Alm, die Sie letzten Urlaub erwandert haben. Holen Sie die Empfindungen zurück: das Rauschen des lauen Sommerwindes, das Zwitschern der Vögel, die Insekten, die leise vorbeigesurrt sind, der Geruch der Kühe, das Läuten der Kuhglocken in der Ferne. Die angenehme Erschöpfung, die Sie in den Wanderpausen am ganzen Körper gespürt haben, wie schön das Quellwasser Ihren Durst gelöscht hat. Gehen Sie einen schönen Teil des Wanderweges in Gedanken nach. Sehen Sie den blauen Himmel, die weit geschwungenen, grünen Wiesen vor Ihrem inneren Auge. Vielleicht gelingt es Ihnen ja, bald wieder dort hinzufahren. Vielleicht beginnen Sie bei Gelegenheit, sich die schönsten Gefühle zu notieren: der Kuss Ihres Partners, das Kuscheln mit Ihrem Kind, das Toben mit dem Hund. Je länger Sie darüber nachdenken, desto mehr schöne Gefühle werden Ihnen einfallen.

Von schönen Dingen zu träumen hilft, schlechte Stimmung von innen her zu verbessern.

Lächeln Sie. Das ist eine der einfachsten Übungen, um sich aus tiefstem Inneren her wohlzufühlen. Auch wenn Sie die Mundwinkel nur ein wenig nach oben ziehen, lockert das Ihre gesamte Stimmung. Probieren Sie es aus!

Die lange Schlange

Endlich hält der Bus an der Zielhaltestelle. Sie fassen in Ihre Jackentasche, holen Ihr Smartphone heraus und lesen den Einkaufszettel. Das werden Sie noch erledigen, bevor Sie nach Hause gehen. Noch immer tragen Sie das Lächeln in Ihrem Gesicht und spüren, dass Sie tatsächlich ein wenig ruhiger sind. Der Gang durch den Supermarkt verläuft erstaunlich schnell, Sie sind nicht so nervös wie sonst, müssen nur einmal zurück, um doch noch die H-Milch zu holen. Aus der Ferne scannen Sie schon die Warteschlangen an den Kassen. In welcher Reihe wird es am schnellsten gehen? Denn bei aller Entspannung ist es doch auch schön, endlich heimzukommen.

Tatsächlich geht es auch hier fix, bis … sich eine zweite Kassiererin mit einer Geldkassette unter dem Arm neben die sitzende stellt. Personalwechsel! Nicht nur die Geldkassette wird gewechselt, auch eine neue Bonrolle muss eingefädelt werden. Die Schlange hinter Ihnen wird länger, Ungeduld wird lauter hörbar. Das Lächeln in Ihrem Gesicht schwindet, Sie spüren, wie Ihr Puls steigt.

Lösung:

Versenden Sie Glück. Anstatt sich von dem Stress anstecken zu lassen, nehmen Sie sich aus der Situation heraus. Lassen Sie alle Geräusche zu einem fernen Brei zerrinnen, anstatt jedes Klicken, jedes Wort auf sich zu münzen. Nicht alles Schlechte hat mit Ihnen zu tun, es dreht sich nicht alles um Sie. Und Sie sind schon gar nicht für alles verantwortlich.

Nun suchen Sie einen Menschen, dem Sie gern Glück wünschen würden. Eine lieb aussehende Omi, ein kleines Kind, ein nett lächelnder Herr. Denken Sie »Ich wünsche dir Glück, Gesundheit und Zufriedenheit.« Denken Sie nur an die positive Energie Ihrer Glückwünsche.

Wenn Sie schließlich mit Ihren Einkäufen aus dem Laden herauskommen, werden Sie keinen Groll mehr spüren.

Ich bin mir wichtig

Wenn Sie nach diesem anstrengenden Tag nach Hause kommen und womöglich sofort Pflichten oder Gespräche auf Sie einstürmen, bleiben Sie ruhig. Es gibt in jeder Wohnung einen Ort, an dem man einen Augenblick für sich hat. Sei es das Badezimmer, sei es Ihr eigenes Zimmer, sei es das Schlafzimmer. Schließen Sie sich für einige Minuten ein, duschen Sie oder lassen Sie Wasser über Ihre Handgelenke spülen. Benetzen Sie auch Ihr Gesicht.

Lösung:

Beim Abtrocknen sehen Sie in den Spiegel, sagen Sie sich »Ich bin später für euch da, jetzt bin ich mir erst einmal wichtig.«

Lächeln Sie.

Atmen Sie ruhig und tief ein und aus. Ziehen die Schultern dabei langsam weit nach hinten und nach vorn. Wiederholen Sie das mindestens dreißig Mal. Auch wenn es an der Badezimmertür klopft, bleiben Sie bei sich. Schalten Sie nicht auf ›Wut‹ um, sondern erklären Sie Ihrem Umfeld, dass Sie Momente für sich allein beanspruchen. Gehen Sie dabei bestimmt vor, wie Sie es beim Nein-Sagen gelernt haben: »Ich komme auf dich zu. Ich brauche jetzt einen Augenblick für mich!«

Je öfter Sie das praktizieren, desto eher wird Ihr ganz persönlicher Augenblick zur Normalität für alle.

Schlaf endlich ein

Irgendwie hat alles doch noch funktioniert an diesem ereignisreichen Tag und Sie könnten mit sich zufrieden sein. Sie spüren die Müdigkeit, die nun schwer an Ihnen zerrt und ziehen sich zurück. Kaum aber, dass Sie im Bett liegen, ist die Müdigkeit wie weggeblasen. Stattdessen liegen Sie da und fühlen sich hellwach. Ihre Augen rollen von links nach rechts, Gedanken beginnen zu laufen. Sie beginnen, sich zu ärgern. Wenn Sie schon nicht zur Ruhe kommen, soll das Ganze wenigsten noch einen Sinn haben. Sie gehen Ihre Checkliste noch einmal durch. Die Kleidung haben Sie wettergerecht bereitgelegt. Die letzte E-Mail an das Architekturbüro Wendt hätten Sie vielleicht noch absenden können, warum ist Ihnen das nicht vorhin eingefallen? Jetzt ist morgen eine Sache mehr zu erledigen. ›Hoffentlich vergesse ich das jetzt nicht.‹ Sie blicken zu den Leuchtziffern des Weckers herüber: Seit vierunddreißig Minuten liegen Sie wach und noch immer fühlen Sie sich aufgekratzt. Wut kommt auf, Wut auf sich selbst, denn nun werden Sie morgen früh wieder einmal wie gerädert aufwachen und die Kommentare der Kollegen können Sie im Geiste jetzt schon hören: Wie siehst du denn aus, durchgefeiert? Weitere vierzehn Minuten sind vergangen und Sie denken daran, wieder aufzustehen. Warme Milch soll helfen – hat nur bei

Ihnen noch nie gewirkt. Schlaftabletten nehmen Sie prinzipiell nicht. Verdammt noch mal, schlaf jetzt endlich ein, du brauchst Ruhe!

Die Nacht, die jenem Abend folgte, war sehr kurz, der Tag danach geprägt von schlechter Laune, Unkonzentriertheit, Fehlern und Streitereien.

Lösung:

Es hat keinen Sinn, sich zwingen zu wollen.

Vielleicht hätten Sie an diesem Tag tatsächlich später ins Bett gehen sollen, um alles verarbeitet und die richtige Bettschwere zu haben.

Vielleicht hätten Sie wieder aufstehen und ein Buch lesen sollen. Das bringt auf andere Gedanken und ermüdet.

Probieren Sie Folgendes:

Wenn die Gedankenspirale in Gang kommt, lenken Sie sich ab. Lächeln Sie – das geht auch im Dunkeln. Atmen Sie ruhig ein – jeder Atemzug dauert ungefähr drei Sekunden – und wieder aus. Zählen Sie jeden Atemzug. Eins – zwei – drei – vier … Dreht sich die Gedankenspirale wieder, fangen Sie wieder bei eins an. Auf diese Weise kommen Sie wahrscheinlich nie bis zwanzig, aber Sie schlafen ganz bestimmt ein.

Das Rauschen des Windes

Informationen in nie da gewesener Menge und Geschwindigkeit prasseln auf uns ein. Viele Stunden starren wir auf Bildschirme, sitzen verspannt, haben riesige Mengen abzuarbeiten. Das gilt für alle Berufe auf allen Hierarchie-Stufen. Nahezu jeder Mensch steht unter permanentem Druck. Selbst jene, die nicht berufstätig sind! ›Du hast es gut, du gehst nicht arbeiten‹, und Ähnliches helfen diesen Menschen in keiner Weise bei der Bewältigung ihrer Aufgaben. Arbeitslos? Krank? Alleinerziehend? Das soll einfach sein?

Lösung:

Gehen Sie, so oft es irgendwie möglich ist, in die Natur. Grün entspannt und heilt.

Bauen Sie grüne Wege in Ihren täglichen Ablauf ein. Seien Sie achtsam: Schließen Sie für einen Augenblick die Augen und atmen Sie bewusst und tief ein. Hören Sie das Rauschen der Blätter, der Vögel, der Insekten. Fühlen Sie das Streicheln des Windes. Atmen Sie dabei bewusst und ruhig. Lassen Sie Ihren Kiefer entspannen.

Üben Sie das auch mit digitalen Bildern und Naturklängen, wenn der Spaziergang gerade nicht möglich ist.

So leben Sie mit dem Zeitdieb

Wir wissen nun genauer, warum es nicht einfach ist Nein zu sagen. Wir können die Zeitdiebe um uns herum erkennen und wir haben Werkzeuge, ihnen künftig zu begegnen.

Doch verbiegen Sie sich nicht. Sie sind, wie Sie sind. Auch wenn Sie hier Techniken des Nein-Sagens erlernt haben – Sie sind kein Streiter und sollten sich auch nicht dazu verändern. Ihnen nutzt ein Sieg nichts, wenn Sie dabei nichts gewonnen haben. Sie sind einzigartig, so wie Sie sind und das soll auch so bleiben. Mit Ihren neu erlernten Werkzeugen wird sich Ihre Persönlichkeit besser entfalten.

Selbst bei der Anwendung des konfrontativen Neins muss sich nicht unsere Grundeinstellung ändern. Es sein denn, Sie entdecken eine Seite an sich, die Sie noch nicht kannten, die Sie aus innerer Überzeugung leben wollen und können. Alles Erlernte funktioniert nur, wenn es aus Ihrem Inneren heraus kommt, aus Überzeugung, mit Ihrer Willenskraft. Das Ziel ist also, dass Sie konfrontieren können aber dennoch der Mensch bleiben, der Sie sind. Trainieren Sie Ihr Bild von sich selbst, trainieren Sie Ihre innere Einstellung und trainieren Sie, mit Situationen umzugehen. Sein Sie schlau, wie ein Oktopus – analysieren, dazulernen, anwenden. Haben Sie Geduld. Vor allem Geduld mit sich selbst. Sie werden immer wieder Rückschläge einstecken. Es geht gar nicht anders, denn Sie haben sich zwar verändert, nicht aber der Rest der Welt.

Rückschläge sind unvermeidbar. Seien Sie sich dessen bewusst und bereiten Sie sich darauf vor. Im Augenblick eines Rückschlages sind wir am Boden zerstört. Unser Vorhaben hat sich zerschlagen, alles, was wir so schön geplant hatten, zerplatzt wie eine Seifenblase. Das schmerzt, das müssen Sie verkraften und verarbeiten können. Dazu rate ich …

Erwartungen und Ziele

Enttäuschungen finden ihre Nahrung in der Nicht-Erfüllung gesetzter Ziele und Erwartungen. Es existieren zwei wesentliche Faktoren, die bewirken, ob wir enttäuscht werden oder nicht. Faktor 1 sind unsere Erwartungen, Faktor 2 ist der Grad der Erfüllung unserer Erwartungen.

Faktor 2 – die Erfüllung ist zu großen Teilen von anderen abhängig und kann von uns nur bis zu gestimmten Grenzen beeinflusst werden.

Faktor 1 – unsere Erwartungen hingegen können erheblich von uns beeinflusst werden.

Anders ausgedrückt: Ob unsere Freundin noch heute voller Rücksicht auf uns eingeht und niemals mehr in die alten Gewohnheiten verfällt, können wir nur bedingt beeinflussen. Sehr wohl können wir aber beeinflussen, was wir selbst erwarten. Denn sind unsere Erwartungen zu hoch, sind wir selbst einer unserer Zeitdiebe.

Tipp:

Sagen Sie sich:

- *Auch wenn dieser Wunsch nicht erfüllt wurde, werde ich weiter an meinem Ziel arbeiten.*

- *Meine Erwartung ist nicht erreicht. Ich formuliere neu und probiere es wieder. Immer wieder.*

• *Diesen Rückschlag verkrafte ich. Er wird mich nicht von meinem Vorhaben abbringen.*

Der schlimmste Fall

Erfüllt sich ein Wunsch nicht, ist das meist keine Tragödie. Es sei denn, Sie haben sich von Anfang an etwas vorgemacht und haben der Wahrheit nicht ins Auge gesehen. Keine Bange – das handhaben die meisten Menschen so. Schließlich sind unsere unerfüllten Wünsche auch der Treibstoff für Veränderungen. Wie wir eben gelesen haben, ist es nicht gut, unsere Erwartungen zu hoch zu setzen, da ansonsten Enttäuschungen drohen. Wie vereinbart sich das aber mit dem Grundsatz, dass man Ziele sehr hochstecken muss, wenn man viel erreichen will?

Ganz einfach. In unserem Projekt, das Nein-Sagen zu erlernen setzen wir uns zwar hohe Ziele, aber es sind stets realistische Teilziele. Somit sind wir nicht am Boden zerstört, wenn ein Teilziel nicht erreicht wird, sondern nutzen die resultierende Energie (Wut, Enttäuschung) als Energie und Ansporn für den nächsten Schritt. Auch deshalb sind gangbare Schritte – also Teilziele – so wichtig.

Ob es um realistische Teilziele geht oder um weltverändernde Pläne, sei dahingestellt. Ein weiterer Weg, Enttäuschungen zu verringern: im Vorfeld eine Worst-Case-Betrachtung durchzuführen. Sind wir uns im Klaren, welche unsere Ziele und Teilziele sind … und sind wir uns weiterhin im Klaren, was die schlimmsten Konsequenzen sein können, falls die Ziele nicht erreicht werden, fühlen wir uns sicher. Kaum etwas verunsichert mehr, als Planlosigkeit.

Was unsere Freundin Laura mit der niedlichen Tochter Lisa anbelangt, dürfte der nächste Besuch nicht lange auf sich warten lassen. Wir könnten uns gedanklich zum Beispiel so darauf einstimmen:

Wie immer wird Laura sich an einem Samstag ankündigen. Wir wissen mit Gewissheit, dass es wieder um einen Gefallen geht, den wir eigentlich gar nicht erfüllen wollen. Nun sind wir vorbereitet.

Es klingelt. Haben wir wirklich alles bedacht? Was geschieht zum Beispiel, wenn sie dieses Mal mit Tränen in den Augen vor der Tür steht? Sollen wir jetzt sagen: ›Ein anderes Mal gern, aber heute werde ich dir nicht helfen können‹? Natürlich nicht. Wer weiß, ob die Tränen nicht echt sind und sie die Hilfe dieses Mal tatsächlich dringend braucht.

Damit uns das nicht zu sehr ärgert, können wir bei wichtigen Vorhaben künftig das Schlimmste in Gedanken vorwegnehmen. Wie ein Kind fragen wir uns: ›Was geschieht, wenn ich mein Vorhaben nicht durchsetze?‹ Wir fragen uns so lange durch die Szenarien, bis wir den schlimmsten Fall vor Augen sehen. Wir reden nichts schön, wir vertuschen nichts, wir denken bis zum schlimmsten Fall zu Ende. Dem Worst Case. In diesem Fall mag der Worst Case darin bestehen, dass Ihre Freundin Sie wieder übertölpelt hat. Schön ist das nicht. Wahrscheinlich ärgern Sie sich, dass all Ihre Anstrengungen wieder einmal nicht zu dem gewünschten Erfolg geführt haben. Aber da Sie sich dieses mögliche Szenario zuvor schon ehrlich vor Augen geführt haben, sind Sie nicht annähernd so am Boden zerstört, als hätten Sie sich einzig auf den Erfolg fixiert. Diese Technik unterscheidet sich grundlegend vom reinen

Pessimismus. Sie hatten jederzeit den festen Willen, es zu schaffen, aber Sie haben sich nichts vorgemacht. Sie haben sich den möglichen Worst Case vor Augen geführt, ohne pessimistisch gewesen zu sein. In diesem Beispiel haben Lauras Tränen Sie doch wieder erweicht. Aber Sie haben damit gerechnet. Deshalb wird die Enttäuschung Sie erheblich weniger schmerzen.

So kann die Realität allermeist nur positiv überraschen.

Und hätten Sie wirklich nicht gewollt, hätten Sie auch Nein sagen können. Das haben Sie nun gelernt.

Probieren Sie Mantras

Das Wort ›Mantra‹ kommt aus dem Indischen und bedeutet so viel wie ›heiliger Vers‹. Regelmäßig gesprochen helfen Mantras dabei, das Gesagte zu verinnerlichen, und stellen die innere Ruhe wieder her. Sie werden still vor uns hingesprochen und mehrmals wiederholt. Dadurch beruhigt sich das Nervensystem, das Gedankenkarussell wird gestoppt, der Kopf wird wieder frei, die Seele atmet auf.

Wie nutzen Sie Mantras?

Mantras können in akuten Stresssituationen helfen, aber auch die Grundstimmung nachhaltig verändern. Negative Gedanken werden weniger, positive Ideen stärker. Wiederholen Sie Ihren Lieblingssatz langsam vor sich hin, atmen Sie dabei tief ein und aus. Gönnen Sie sich dieses wunderbare Gefühl am besten mehrmals am Tag. Ein Mantra braucht nur 5 Minuten, um zu wirken.

Beispiele für Mantras

Finden Sie Ihren persönlichen Merksatz. Einen Satz, der positive Energie und positive Gefühle in Ihnen freisetzt. Sagen Sie ihn mehrmals täglich auf. Schreiben Sie ihn sich auf verschiedene Zettel, in die Handynotizen. Sehen Sie ihn sich immer wieder an, bis Sie ihn gedanklich verankert haben. Manchmal dauert es, bis der persönliche Merksatz bei Ihnen angekommen ist und seine beruhigende Wirkung entfalten kann. Dann haben Sie ein Mantra gefunden.

Beispiele:

- *Danke für diese Erfahrung.*

- *Danke, dass alles ist, wie es ist.*

- *Mir geht es gut.*

- *Ich habe das Recht, Nein zu sagen, wie jeder andere Mensch.*

- *Ich bin mir wichtig, meine Bedürfnisse sind mir wichtig.*

- *Das Leben ist kostbar, die Zeit ist kostbar.*

- *Ich freue mich über meine Erfolge.*

- *Ich darf helfen, ich darf genauso gut Nein sagen.*

- *Ich bin hilfsbereit, aber nicht dumm.*

- *Ich gebe gern, aber ich lasse mir meine Zeit nicht stehlen.*

Vielen Dank

Vielen Dank für das Lesen und vielen Dank, dass Sie mit mir zusammen durch die abenteuerliche Welt der Bücher reisen.

Machen Sie es gut, bis demnächst – ich freue mich auf Sie.

Ihr Jörg Piesker

Bevor Sie gehen

Bevor Sie gehen, kann ich Sie um einen schnellen Gefallen bitten?

Gut, ich wusste, ich kann auf Sie zählen.

Möchten Sie dieses Buch bitte bei Amazon bewerten?

Bewertungen sind für Autoren sehr wichtig, da sie uns helfen, mehr Bücher zu verkaufen. Ihre Bewertung ermöglicht uns wiederum, weitere Bücher für Sie zu schreiben.

Bitte nehmen Sie sich eine kurze Minute, um zu Amazon zu gehen, und hinterlassen Sie eine ehrliche Rezension. Ich verspreche Ihnen, dass es nicht sehr lange dauert, ein einziger Satz wäre schon ausreichend. Aber es kann diesem Buch helfen, mehr Leser zu erreichen, genau wie es Sie erreicht hat.

Über den Autor

Jörg Piesker ist in Berlin geboren, lebt, liebt und arbeitet dort. Er schreibt Thriller, Kriminalromane, Mystery Thriller, Ratgeber und Auftragstexte.

»**Die Entführung**« war sein Debütroman und fand 2015 überraschend positiven Anklang bei Lesern.

https://www.amazon.de/dp/B013K99TEK

»**Deck 3 – Blutige See**« hat sich 2018 wochenlang in den Top Ten und Top 20 im Amazon Ranking gehalten und ist bis heute einer seiner Bestseller.

https://www.amazon.de/dp/B07BBVBDV2

»**Anastasia – verbrennt die Hexen**« war 2018 der Schritt in ein neues Genre und fand sofort positiven Zuspruch.

https://www.amazon.de/dp/B07FKX99FV/

»**Zuckerfrei – Aber richtig – Für Anfänger**« war 2018 ein weiterer Schritt in ein neues Genre - das der Ratgeber und hält sich viele Wochen in den Top 20 des Amazon Rankings.

https://www.amazon.de/dp/B07KJLSDP1

»**Nein Sagen – Aber richtig – Für Anfänger**« setzt die Ratgeberreihe fort und war unmittelbar nach seinem Erscheinen Bestseller Nr. 1 und hielt sich ebenfalls lange in den Top 20.

https://www.amazon.de/dp/B07M75CCZ2

»**Entspannen – Aber richtig – Für Anfänger**« wie Sie richtig mit Stress umgehen.

https://www.amazon.de/dp/B07ZKZHGC8/

Weitere Ratgeber und Romane sind vor der Fertigstellung. Schauen sie immer wieder einmal vorbei.

Hier finden Sie Informationen über meine Bücher, über mich und meine Rezensionen zu anderen Büchern:

https://www.joerg-piesker.de/literatur/

Meine Amazon-Autorenseite:

https://www.amazon.de/Jörg-Piesker/e/B07FLXYGLS

Besuchen Sie mich und meine Autorenfreunde bei ›12 Autoren – 12 Monate‹ auf Facebook:

https://www.facebook.com/groups/736152740169111/

Meine Website, Bücher, Blog, News:

https://www.joerg-piesker.de/meine-buecher/

So bleiben wir beieinander: Abonnieren Sie meinen Newsletter:

https://www.joerg-piesker.de/Newsletter/

Er und Sie

Als Vater einer Tochter und eines Sohnes vertrete ich grundsätzlich die Gleichberechtigung von Mann und Frau und lehne jede Art von Diskriminierung ab.

Die weibliche oder die männliche Form der Anrede benutze ich nach dramaturgischen Aspekten. Das heißt, je nachdem wie gut es jeweils klingt, wie gut es dadurch lesbar ist, wird der feminine oder der maskuline Artikel verwendet.

Weiterhin lehne ich auch jede andere Form der Diskriminierung ab. Hautfarbe, Behinderung, Geschlecht, Alter, Größe … sind für mich kein Kriterium, Menschen zu mögen, zu bevorzugen oder nicht. Erst recht nicht, was ein Mensch hinter seiner Schlafzimmertür macht und mit wem.

Ich bin dankbar, in einer Zeit dieser Aufgeklärtheit und Offenheit leben zu dürfen.

Urheberrecht

Urheberrecht

Alle Inhalte dieses Werkes sind urheberrechtlich geschützt. Jegliche Art von Nachdruck, Reproduktion, Verbreitung gleich in welcher Form, auch auszugsweise ist ohne vorherige schriftliche Einwilligung des Autors untersagt. Gegen Verstöße werden rechtliche Schritte unternommen. Alle Übersetzungsrechte liegen beim Autor.

Haftungsausschluss

Dieser Ratgeber ist mit größter Sorgfalt und Gründlichkeit erstellt worden und wird bei konsequenter Umsetzung Ihr Leben verändern. Dennoch dürfen Sie niemals von Ärzten oder Therapeuten verordnete Anwendungen oder Medikamente absetzen oder ändern, ohne Rücksprache mit dem jeweiligen Arzt oder Therapeuten. Die Anwendung aller Anleitungen, Tipps und Strategien erfolgt auf eigenes Risiko, eine Haftung des Autors für Schäden jedweder Art, sowie Rechts- und Schadensersatzansprüche sind ausgeschlossen, grundsätzlich auch für die Nutzung oder Nichtnutzung von vollständigen, teilweisen oder fehlerhaften Informationen oder Druckfehlern.

Verlinkungen und andere Quellen

Sofern Links zu anderen Webseiten enthalten sind, wurden diese zum Zeitpunkt der Verlinkung auf eventuelle Rechtsverstöße oder rechtswidrige sowie anstößige, rassistische oder diskriminierende Inhalte überprüft. Zum Zeitpunkt der jeweiligen Verlinkung wurden keinerlei

Verstöße festgestellt. Für Inhalt und Aufbau der verlinkten Seiten ist der jeweilige Betreiber verantwortlich. Auf den Inhalt anderer Webseiten hat der Autor keinen Einfluss und kann deshalb dafür keine Gewähr übernehmen.

Gleiches gilt für Hinweise auf andere Bücher und sonstige Informationsquellen.

Inhalt

Printed in Poland
by Amazon Fulfillment
Poland Sp. z o.o., Wrocław

51989588R00073